持続可能な社会における学校を考えよう

大見興一

せせらぎ出版

もくじ

プロローグ　1

第1話　明治、近代教育創造の文化的土壌　7

その1　福沢諭吉と学校教育前夜……8
その2　衰退した漢学、国学と福沢諭吉の実学……10
その3　明治国家の西洋学問の利用、西洋学問の日本順応……14
その4　明治に日本に受け入れられた科学の姿は、今でも……16
その5　教育内容の日常性について……19

第2話　すばらしい江戸時代の科学　23

その1　持続可能な社会の教育創造のため「江戸」に学ぶ……24
その2　江戸時代の立派な学問を引き継ぐ人々……32

第3話　日本の近代教育のはじまり　39
その1　グレゴリオ暦と明治維新……40
その2　誰もが想定外の明治国家が誕生……40
その3　維新の百年前　アメリカでは人民が主役……41
その4　まず国民を創造する……41
その5　創造期に、教育の遺伝子に含まれなかったもの……46
その6　学校制度の出発の頃……48
その7　学制をめぐる政争……52
その8　学校教育の確立の頃……54
その9　明治教育の欠点は日常からの遊離……57

第4話　明治国家の学校教育と受け入れる側の社会　61
その1　明治政府は受け入れ社会の学問不信を払底しようとしていた……62
その2　東京ブランドの確立……66

第5話　師範学校と教師像と　75
その1　師範学校……76
その2　新しい教師像をもとめて……80

第6話　実業教育（教育内容の創造）　83
その1　実業学校の盛衰……84
その2　第二の教育改革と実業教育……94
その3　文部科学省は実業教育を育てられない……103

第7話　学力低下対策からゆとり教育まで　109
その1　文部科学省の学力低下対策……110
その2　何が学力かを考え直す方向へ……112
その3　「易しい科目」を作る……121
その4　ゆとり教育の顛末……124

第8話　教育基本法の改正―日本の教育が積み残しているもの　133
その1　教育基本法の改正……134
その2　男女平等……138
その3　持続可能な社会に目を向けない学校教育……142

第9話　学校教育の新しい教育内容を考える　151
その1　技能教育のすすめ　152
その2　生産側視点から消費側視点へ　159
その3　電気の教育は「生産側の視点」を持つ　161
その4　消費側視点を持って電気を教えること　165
その5　単位を考えてみる　168
第10話　国民が教育を考えるシステム　173
その1　国民の声の反映の方法　174
その2　国民の声を教育施策に反映させる方式としての議会　177
エピローグ　180
後記　181
参考文献　182

プロローグ

男女共学の瞬間を思い出して

二〇〇六年一二月、教育基本法が改正されました。旧法は一九四七年に作られました。その時、私は小学校三年生でしたが、憲法、教育基本法の成立、それに対する当時の熱い世情を思い出すことができます。

記憶が確かではありませんが、私の小学校では、教育基本法に先立って男女共学が実施されました。

ある日、担任の先生がクラスの生徒の名前を読み上げ起立させ、「今立っている人は、荷物をまとめて、隣のクラスに行きなさい」。そして、女子のクラスから、荷物を両手に抱えた女子生徒が入って来たのです。

男女別学から、男女共学への移行の瞬間です。それは強烈に印象的なできごとでした。

その瞬間から数えて、およそ一五年間、私は旧教育基本法のもとで学び、引き続いて四〇年間教師をしていました。長年お世話になった旧教育基本法への懐かしさが後押しをして、約四〇年間の教師生活のまとめとして、「教育改革論」、いや「教育創造論」を書こうと決心しました。

現在の学校教育の欠点は閉鎖的すぎること

教育、とりわけ学校教育の改革・創造について書きたいと思います。その発想の起点は、現役教師時代のストレスを基にしています。たとえば、私の教師生活終盤、二〇〇〇年前後に学力低下論争が起こりました。学力低下論争は、多くの分野の人が参加し、みのりがあったと思いますが、一方で私は、長い間の教師の努力が誰にも知られていなかったことにおどろきました。私が新任教師として職場に行った時からすでに、教師たちの悪戦苦闘の中心に、学力低下対問題が常にあったのですが、「孤独」な努力だったわけです。

これは、まさに教育の閉鎖的体質が生んだ教育と国民の間の齟齬です。教育の改革のポイントの一つは、教育の閉鎖性を打ち破ることです。教育の創造も、発想をそこからスタートさせるといいと思います。

国民が教育を考えたことがないのが欠点

学校教育の閉鎖性を打破すると、なぜ学校教育が良くなるのか、その意味をもう少し考えると、国民の教育討議参加がキイポイントであることに気付きます。市民が学校などに対して、要求を出し、学校教育関係者がその答えを出すという、あなた任せの開放的学校教育スタイルは存在し得ません。国民が、要求とともに答えも出さなければだめなのです。

ところで、旧教育基本法ができた一九四七年まで、教育は勅令主義でした。勅令主義とは何か。文部科学省が書いた「学制百年史」には、勅令主義から法律主義への転換のいきさつについて、次のように書かれています。

従来教育に関する国の定めは、天皇大権に属する独立命令たる勅令によることとされてきたが、国民主権の思想に立つ新憲法の制定により、教育に関する定めは憲法の理念およびその規定に基づき法律によって定められることとなった。教育立法の勅令主義から法律主義への大きな転換を画したのである。

これを読むと、勅令主義の間、国民が教育討議に参加できなかったこと、国民が参加できる方法を法律主義ということがわかります。

国民が教育討議に参加するシステムが必要

「学校教育の閉鎖性」は以前から問題点として指摘されています。ところが、「国民が教育を考えたことがないのが現在の学校教育の最大の欠点である」という問題指摘は聞いたことがありません。また、「国民の教育討議の場が無い」と、指摘の声がないのはなぜなのか、不思議なことです。

おそらく、制度として国民の声を反映するようにできているから、「戦後、国民は教育討議に参加したことになっている」、ということだと思います。

どういうことかというと、国民の声は、審議会などによって文部科学省に「反映」されています。その声を、文部科学省を中心として、官僚がうけとめ、国民の声を考慮しながら日本の学校教育を考えてきたのです。官僚は、勅令主義の時お上の考えをおもんばかって、教育を考えてきました。今、国民の声を聞いて教育を考えているわけで、つまり、明治以来今日まで官僚が教育を考えてきたことになります。逆に、国民は、明治以来自分で教育を考えることが無かったのです。

〇九年には、半世紀にわたって続いた自民党政権が倒れ、民主党が政権党になりました。「脱官僚」が流行語になりましたが、民主党のいう脱官僚は、政治家が主導することであり、政治的中立を大切にする教育分野では、よくありません。

政治から一定の距離を保ちながら、官僚の請負ではなく、国民が教育討議に参加できることが非常に大切で、このシステム作りが、教育改革・創造のいま一つのポイントです。

新しい教育は持続可能な社会をめざして

教育改革・創造のさらなるポイントは、「地球環境問題」です。また環境か、という声も聞こえてきそうですが、地球環境問題を考えない教育改革はあり得ません。さらに資源枯渇問題も考慮しなければなりません。

二〇〇五（平成一七）年から「国連持続可能な開発のための教育の一〇年」が始まりました。さらに、二〇〇八（平成二〇）年には、洞爺湖サミットがもたれ、「二〇五〇年に温暖化ガス排出を五〇％削減する」方向で話し合われました。しかし、教育界はこれらに、ほとんど反応していません。

国ですら、地球温暖化ガス問題などに着目しているものの、改善の最適な方向を定めていませんから、政府の指示を待っている教育が先に動けないのは当然ともいえますが、私は歯がゆく思います。

鳩山由紀夫首相の時、「二〇二〇年に温暖化ガス排出を九〇年比二五％減ずる」と国際的に公約しました。（二〇〇九年九月二二日、国連気候変動サミット）。

国が動き出す可能性が出てきたので、期待できるかというと、そう簡単でもありません。二〇一四年、「国連持続可能な開発のための教育の一〇年」は、誰に惜しまれることもなく静かに幕を閉じました。それでも、国民は、めんどうなことと思わずに、地球環境問題に関心を持って、教育討議に参加しなければなりません。

持続可能な社会の教育を国民が考えること

繰り返しになりますが、この国民の教育討議の方法がうまく整備されていません。

勝手に国民討議を先取りします。

持続可能な社会とは何か、おおよその国民合意が必要です。いくつかの原則は形作られてきていますが、試案の域です。ここがネックになることを承知していますが、持続可能な社会における教育を思考して行きたいと思います。

私は、持続可能な社会の大前提として、エネルギー使用総量の削減が必要だと考えています。そして持続可能な社会の完成形は、「脱エネルギー社会」であると考え、以下の文章を書き進みます。

もちろん、脱エネ社会は共通理解を得ていません。それぱかりか、脱エネの前段階であると、私が位置付けている「減エネ」も理解されていません。現在は省エネ時代です。ところが、二〇一一年に、東日本大震災が発生し、福島第一原子力発電所が破壊され、地震、津波、放射能汚染の複合大被害を被りました。

その後、日本の原子力発電の発電量がゼロになり、政府が音頭をとって、節電を国民に呼びかけることになりました。はからずも、これは減エネルギーの試行となっています。この「減エネ呼びかけ」は数値目標が付いていました。かなり本気の減エネルギーでした。でも一年だけでした。

その後、数値目標は持たないけれども、夏、冬の二つのシーズンには電力会社が節電を呼びかけています。このような状態は、「追いつけ追い越せ」で国民が一致していた時期とは明らかに違う社会が始まっていることを知らせてくれます。官僚が教育内容を考えられる社会でないことがわかります。

国民がみんなで持続可能な社会を意識し、そのための教育を考え始めるべきだと思います。

なお、「持続可能な社会」は、こなれた言葉ではありませんが、環境省・環境基本計画などに、文言が出てきます。新聞の見出しにも使われるようになりました。

原子力発電について

原子力発電は、長期間、管理を続けなければならない危険な廃棄物をだすため、持続可能な社会に必要ないものと考えています。しかし、二〇一一年以前、「明白に危険な原子力発電」がセクトの主張の範疇に入りそうで、あえて記述を避けました。

二〇一五年になっても、この分野では日本の積み上げてきた英知を有効に使って考えられません。

原子力発電が、日本文明の崩壊を招くのではないかと危惧します。時を改めて書きたいと思います。

10話あります。どこからでも読んでください

教師現役の頃から、学校教育について疑問を持っていました。書きためたメモに、教育の歴史に関して付け加え、10話にまとめました。およその流れはありますが、どの部分からでも、つまみ読みしていただけると思います。斜め読みで興味をもっていただけたところを、さらに深く考えていただけるとうれしいと思います。

第1話

明治、近代教育創造の文化的土壌

明治政府は洋学を取り入れ、西洋に習って学校制度を構築しました。その学校教育は、「殖産興業」の精神を身体いっぱいに充満させて発展し、「この教育があったから、日本国は高度経済成長ができ、世界に誇れる国になった」という評価を得ています。

ところが、地球環境悪化が顕著になった現在から見ると、「明治」が作り出した学校教育は、公害などに無関心であったので良くなかったと見ることができるのです。持続可能な社会における教育を創造するときに明治の教育創造をぜひとも眺めておきたいと思います。

まず、明治維新前後の文化的土壌を眺めてみました。

その1　福沢諭吉と学校教育前夜

なぜ学校教育が必要か

明治維新前後、西洋では、教会が行っていた教育を国家が奪いつつある時代でした。西洋視察した幕府の人材も、明治の元勲も、「国家による教育の大切さ」を認識させられたでしょう。明治政府だけでなく、維新前から幕府も西洋にならって教育の改革を実行しようとする時勢でしたから、「学校教育が必要である」との時代の流れができていたと思います。

学校教育の教育内容は、なりゆきで当時の啓蒙家であった福沢諭吉の考え方を取り入れて創造することになったと思います。その、福沢諭吉は、「資本主義経済には、その経済に適した学校教育が必要である」と考えていましたから、明治政府は、受動的に「経済に見合った教育」を目指して学校教育を導入することになりました。

福沢諭吉という偉人

福沢諭吉は、『学問のすゝめ』という本を書いたので有名です。慶応義塾の創始者です。著述家、啓蒙思想家、新聞時事新報の創刊・発行者、教育者、東京学士会院（現在の日本学士院）初代会長、慶應義塾創設者、教育家などと紹介されます。

官職がありません。福沢は、広く知られる官嫌いでした。慶応義塾の塾生には、民で活動することを勧めました。自らも民にいて、多彩な活動をし、日本の近代化に大きな影響を与えました。

一八八一（明治一四）年の政変を境に、政府とははっきり絶縁します。それまで意気投合していた伊藤博文とも、以後口をきかなかったそうです。

福澤諭吉は武士の家系で、一八三五（天保五）年、大坂で生まれました。大坂の適塾に学び、一八五七（安政四年）に塾頭になっています。一九〇一年没です。

福沢諭吉の学校教育の考え方

福沢諭吉の「学問のすゝめ」の書き出しは、「天は人の上に人を造らず、人の下に人を造らずと言えり」です。当時の人の心を一瞬にとらえる名句だと思います。

内容は、新しい明治国家のもとで、社会のシステムを考えながら、そのための学問と教育のあり方を明らかにして、国民に学問をする努力を勧めています。「学問のすゝめ」をささえているのは、「日本は独立国家としてやって行ける」という福沢の信念です。そして、日本独立のためには

一、国家を西洋型経済のもとで建設する。

二、個人は西洋型の学問をおさめることにより、職を得て生活を成り立たせる（経済的自立）。

三、「愚民の上に苛き政府あり」という西洋のことわざがある、国民は、政府にどんどん要求し、良い政府を作るべきで、無知蒙昧の国民をなくすことが必要。

などと考えています。

教育の根本的必要性は、日本独立のための有能な人材作りであり、それをめざして右の三点を念頭においた教育を創造しようと考えていました。

「学問のすゝめ」と「学事奨励に関する被仰出書《おおせいだされしょ》」

学問のすすめは、一八七二（明治五）年に初版が出版され、七六年までに、一七編出版されました。八〇年までに、七〇万冊売れたそうです。さらに売れ続け、人口三〇〇〇万人の日本人の一割が購入したとも

いわれるベストセラーです。身内である慶応義塾関係が購入したことを考慮しても、たいへんな売れ行きです。

福沢諭吉は、第三編までが小学生向けであり、四編、五編は内容が高度だといっています。それ以後(一七編まで)は、また簡単に書くので、臆せず読んでほしいと言っています。しかし、四編以後は、慶応義塾のインテリ向けの内容となり、やや高度です。

福沢諭吉は、慶応義塾による国民の創造を志していました。

学事奨励に関する被仰出書

一八七二(明治五)年に「学事奨励に関する被仰出書」が太政官(政府)から出されました。この内容は、「学問のすゝめ」にたいへんよく似ています。第3話に資料として掲載します。

学制という教育の法律ができた明治五年時点で、明治国家の学校教育に関する考え方は、福沢諭吉の考えの筋道通りです。

短く言うと、「国を作るためには人材が必要であり、人材を作るために、学校教育を発足させる」という趣旨です。

ところが、これを明治政府の統一見解と考えることはできません。文部省の役人の中に、福沢諭吉や、慶応義塾の影響を強く受けていた人が多かった結果にすぎません。

明治政府の考えは、政府内の派閥の動向で左右されましたから、日本の学校教育はいろいろな変遷の後、福沢諭吉の考える通りには創造されませんでした。

その2 衰退した漢学、国学と福沢諭吉の実学

幕末の漢学、国学への不信感

明治の学問が洋学になった理由のもっとも大きな理由は、幕末に広く学問への不信感があったからです。

不信感が「蟻の穴」となり、江戸時代の学問、漢学、国学の枠組みが破壊され、洋学が日本平野に流れ

入ったと考えるのが妥当です。

明治政府は意図的に、「蟻の穴」を大きくし、洋学を導入しました。幕末の学問不信の状況は、福沢諭吉の「学問のすゝめ」にも書かれています。

> 学問とは、ただむつかしき字を知り、解きがたき古文を読み、和歌を楽しみ、詩を作るなど、世上に実のなき文学を言うにあらず。
>
> その子の学問に出精するを見て、やがて身代を持ち崩すならんとて、親心に心配する者あり。

福沢が、正しい学問と考えていたのは、西洋科学です。「実学」に「サイエンス」とルビを振ることもあったそうです。つまらない学問の代表として、漢、国学を意識しています。

「論語読みの論語知らず」

福沢だけでなく多くの人が幕末の学問を否定的に見ています。福沢より三〇才くらい若い新渡戸稲造の視線を見ておきます。

新渡戸稲造は、第一高等学校校長、東京殖民貿易学校長、東京帝国大学教授、拓殖大学学監、東京女子大学学長、国際連盟設立時の事務次長（一九二〇（大正九年））などを務めた人です。英語で「武士道」を書いていますが、これは、アメリカ社会に日本を紹介する動きの一つです。こうした国際的な仕事が国際連盟事務次長の席につながりました。

「武士道」（岩波文庫、矢内原忠雄訳）のなかに、当時の学者に対する評価が書かれています。

> 孔孟の書は青少年の主要なる教科書であり、また大人の間における議論の最高権威であった。
>
> しかしながらこれら聖賢の古書を知っているだけでは、高き尊敬を払われなかった。孔子を知的に知っているに過ぎざる者をば、「論語読みの論語知らず」と嘲る哩諺がある。
>
> 典型的なる一人の武士（西郷南洲）は、文学の物識をば書物の蟲と呼んだ。
>
> また或る人（三浦梅園）は学問を臭き菜に喩え、「学問は臭き菜のようなり、能く能く臭みを去らざれ

ぱ用いがたし。少し書を読めば少し学者臭し、余計書を読めば余計学者臭し、こまりものなり」と言った。

その意味するところは、知識はこれを学ぶ者の心に同化せられ、その品性に現われる時においてのみ、真に知識となると言うにある。

知的専門家は機械であると考えられた。知識そのものは道徳的感情に従属するものと考えられた。

「論語読みの論語知らず」は世間で多用されていたのです。だから、矢内原忠雄は、俚諺《りげん》（世間に言い伝えられてきたことわざ）の訳語をあてています。

新渡戸は学問に対する到達度の低い「学者」が「論語読みの論語知らず」と軽べつされているとしていますが、一般の人は、学者全般を揶揄していたと思われます。

幕末の学問は「漢籍を読む」こと

日本の学問は、ずっと「漢籍を読む」ことでした。漢籍は四書五経です。四書は、論語、孟子、大学、中庸で、先に書いた新渡戸稲造の引用文にあった「孔孟の書」にあたります。すべて漢文で書かれた四書五経を読むのはたいへんな難行です。

高島俊男の「漢字と日本人」（文春新書、二〇〇一）に、自前の文字を持たなかった日本人の、漢字導入後の苦労がわかりやすく書かれています。

高島俊男は、自称「儒者、漢学者。漢文先生を嫌悪している人」です。

「漢籍を読み聖人の知識を学ぶ」学問について次の記述があります。

> ながい間の習慣で、「聖人の書」というものがあって、宇宙と社会と人間に関する真理が書かれている、それをまなぶのが人の道である、すなわちそれが学問というものである、と言う概念がガッチリとでき上がっていて、それに疑いをいだくということは、よほどすぐれた頭脳を持った人でないと、むずかしかった。

高島俊男によれば、中国人にとって、漢籍は祖先が生み出し、自分たちの生活から生えてきたもので、それを読むことは何の矛盾もないけれど、日本人がまねしても、生活と何の結びつきもなく無用の知識を得るだけだといいます。

渋川春海が日本の暦を作るまでは日本で「中国暦」を使用

今日、カレンダーは曜日を知る、祝祭日を知るという程度の役目ですが、当時の農業社会においては、作業日程を組む重要な情報源でした。

それなのに、この時まで中国の暦が日本で使われていたのです。高島俊男の指摘する「漢籍を読む」学問の弱点がここに現れています。

渋川春海は、京都に生まれました。幕府碁方の家系です。一六八五（貞享元）年に、日本で初めての暦である貞享歴を作りました。それを幕府に評価され、初代幕府天文方に任ぜられました。

渋川春海は、中国の暦では、日本との差が出ること、日本でも地方歴を作るべきであることを、主張していて、再三にわたり自分の作った暦の採用を、朝廷に願い出ていました。三回目の上程で朝廷に採用され、日本の正式な暦になりました。

中国製の暦がいつ日本に上陸したのか不明だそうですが、貞享歴の前には、八六二年に導入された中国製の宣明暦でした。それが八二三年間使用されていたのです。

おそらく、農業、漁業の現場では、中央の暦を馬鹿にし、実用的な地方歴を作っていたのでしょう。学問の何であるかを考えさせられます。

西洋学問における古典の権威

高島俊男の指摘する漢籍を読む学問の弊害は、西洋にも存在しました。「科学史年表」（小川慶太、中公新書、二〇〇三）には、学問について次の記述があります。

> 一六世紀までの（西洋の）自然学に目を向けてみると、……アリストテレスの自然学に代表される古典に高い価値を置く姿勢である。つまり、すでに完成された体系を素直にそのまま継承することが、学問そのものであった。そういう風土の中に長い間浸かっている

と、既存の知識を疑ったり、新規の発見に情熱を燃やすという精神が培われることもなくなってしまう。この本には、人体解剖の例も書いてあります。

ベルギーのヴェサリウスという学者は、自分で人体解剖をして、一五四三年に人体解剖図を発刊していますが、この本がでるまで、学者は実際の解剖にはたずさわらず、身分の低い助手にやらせていました。実際との食い違いは、古典の方が正しいとしていました。

その3　明治国家の西洋学問の利用　西洋学問の日本順応

洋学の取り入れと日本のアイデンティティ

幕末、学問が国民に信頼されていませんでしたが、加えて、各学派の抗争に明け暮れていましたので、明治維新以後、大学を設立するにも、手間と時間がかかりました。

明治政府は、近代化を早めるために、正式な学問に西洋学問を指定し、煩わしい学者の論争をカットしました。この時期に洋学の取り入れに手間取ると、排除した論争に再びはまり込みますから、丸呑みして発展を早める必要がありました。

一方、日本のアイデンティティを守ることを、「保守派」に示すために、洋学の取り入れは「和魂洋才」によるとしました。幕末には、日本の文化が発展してきて、中国文化を「和魂漢才」で取り入れていましたから、これを転用しました。

明治政府の国学になって洋学変形

学問は、政府に公認されると、政府の政策を裏打ちする役目に押されて、学問の本来の性格が歪み、純粋に考えられなくなります。これが、今日に影響を残しています。また、明治政府が書籍による西洋文化の導入を急いだための歪みも出て、洋学も「漢籍を読む学問」に変質し、洋学者が「論語読みの論語知らず」になってしまいました。

学者は、政府から給料をもらうための資格のようになり、若者は、学問を、官吏になるための手段と理解するようになりました。その弊害が今日の学問、教育に影響しています。

変形した学問を福沢諭吉が批判

福沢諭吉は「事物を疑って取捨を断ずること」が大切であり、その判断力を養うのが学問であるとしています。（学問のすゝめ一五編　一八七六（明治九年））

世の中の学問はそれに反し安易に動いていることを次のように指摘しています。

ただ旧を信じるの信をもって新を信じ、昔日は人心の信、東に在りしもの、今日はその処を移して西に転じたるのみにして、その真偽の取捨如何に至っては果たして的当の明あるを保すべからず。

西洋の事情につきその一班をも知らざる者にても、ひたすら旧物を廃棄してただ新をこれ求むるものの如し。何ぞそれ事物を信ずるの軽々にして、またこれを疑うの粗忽なるや。

また、福沢諭吉は、明治の西洋学者が学問を極めるというより、政府の仕事を得るためにのみ学んでいる体たらくを嘆いて次のように書いています。

畢竟漢学者流の悪習を免れざるものにて、あたかも漢を体にして、衣を洋にするがごとし。

「文明開化」による日本文化の破壊

「散切り頭を叩いてみれば文明開化の音がする」という歌があったそうですが、「文明開化」は、西洋化に浮かれている世相への批判的な四字熟語でもあったでしょう。

この文明開化と名付けられた文化現象は、明治以後の日本人の考え方に大きな影響を与えています。

明治維新の頃の西洋では、西洋文明を持たない国は野蛮な国であり、そこに生活する人は、人間ではなく単なる動物と把握され、その土地は植民地にならなければならない所であると考えられていました。

西洋化する必要性は、海外向けには「日本に人間がいる」ことを西洋社会に示し、日本を植民地化してはいけないというシグナルを送ることにありました。

国内における「文明開化」は、明治政府が幕藩体制の諸々を一掃するために、「過去の日本はだめだったのだ」と世論誘導する役割の一端を担っていました。そのため、国民に「西洋に文明があって日本に文明がない」と思わせることになり、江戸時代に日本文明はかなり高度だったのに、日本人は自信を失いました。

神仏分離令、大教宣布など明治政府の政策の流れで、廃仏毀釈や、仏像など文化財の海外流出の動きになりましたが、自国文化への自信喪失が基盤にあります。この自信喪失は、外国人の日本文化研究者や日本の民間の人たちの努力により、長い時間をかけて回復してきました。

教育の創成期の学問の有様を見ると、「和魂洋才」というスローガンとは無縁で、自信を失った日本人がただおろおろと、とにかく洋学を学んでいた様子が見えてきます。

その4　明治に日本に受け入れられた科学の姿は、今でも

異常に強調された西洋礼賛は、日本人の学問観をゆがめました。そのゆがんだ学問観を持つ日本文化に、西洋科学が「順応」する様子を、江戸末期の島津藩と、明治中頃の河川改修についての記述に見ます。

本に書いてあることを確かめる科学観

中岡哲郎大阪経済大学教授の「自動車が走った」（朝日選書一九九九）に、一つの洋書をめぐる幕末の科学に対する意識について書いてあります。一八四九年、ペリーの黒船騒動より、四年早い時のことです。

「水蒸船説略」（蒸気船の原理について書いてある洋書）を蘭学者箕作阮甫《みつくりげんぽ》（蘭学者　美作藩士）が翻訳し、島津藩主島津斉彬《なりあきら》に献上しました。

島津成彬は、この本に書いてある通り事が運ぶかどうか興味をもち、工人を集めて、模型により、「実を

験す」ことを命じました。

薩摩藩士横山安容《やすもり》が、実験のいきさつと評価を書いていますが、その文脈について、中山哲郎は、

　西洋の本に書いてある通りにことが運んだことに感動するのは、真理は西洋の本から来ると考えられていたからであり、それは、蘭学に代表される日本の科学の通常の順序であった。

と指摘しています。

中山哲郎は次のように書いています。

　横山は……斉彬が実を験すことを命じたこと、工人たちは早速本の記述にしたがって蒸気外輪船の模型を作ったがなかなか思うようには動かず、苦心惨憺、改良に改良を重ねた結果八か月にして模型は遂に動いたこと、鑵に水を貯え、火をつけ熱して行くと蒸気が発生し始め、やがてその圧力が高まってくると外輪が廻転を開始し、模型が水上を自在に動く様は、あたかも本物の汽船が波を切って進んでゆく姿を眼に見るようであったと感動をこめて書いている。本に書かれている通りに事実が進んだことに、純粋に感動しているのである。

　そのあと横山が、この本の理論を解読した箕作の能力と、模型を作った工人の力量と、実を験すことを命じた斉彬の決断を称え、その三つが相応じた結果として、「遂に亜細亜中、未だ嘗て有らざる所のものを此に創始したり、事また偉なるかな」と書くのは少々読んでいて苦笑させられる。

官僚・学者の科学観
日本の日常生活の否定

富田和子立正大学短期大学部教授は「水と緑と土」（中公新書一九七四）で、明治にヨーロッパ文化を取り入れる様子を、治水工事にふれて紹介しています。二人の外国人、ドイツ人ベルツとオランダ人デレーケの話です。

ドイツ人ベルツは東大の医学部教授、草津温泉、箱根温泉の紹介をした人です。ベルツは、日本人は自分

自身の過去について恥じていること、日本の古い文化の合理性に関心がないことに驚き、「死の跳躍をしようとしている」と心配しています。その心配は、まさに「文明開化」の矛盾をついています。

オランダ人デレーケは、明治政府が治水の顧問として招聘した人です。彼は、日本伝統の治水工事を取り入れない日本人にあきれています。

明治の学者、官僚たちは、文明開化の神髄は「脱江戸」にあると見抜き、保身に有利である「西洋の文明の方法」を選んでいます。治水現場に適した方法かどうかより、保身が大事だったでしょう。

デレーケの逸話は、官僚と学者・学問の関係を通して、明治の科学のなんであるかを、みごとに現しています。

ベルツとデレーケの話（富田和子）

来日してまもない明治九年、ベルツは祖国（ドイツ）にあてた手紙の中で、半ばあきれて書いている。彼は、自分たちヨーロッパの科学者達がなすべき仕事は、まず日本文化の所産に属するすべての貴重なものを検討することであり、その上でヨーロッパ文化をこの国に適応させることが本務だと考えて来日した。「ところが何と不思議なことには日本人は自分自身の過去については、もう何も知りたくはないのです。それどころか、教養ある人はそれを恥じてさえいます。彼らは、自己の古い文化の真に合理的なものよりも、どんなに不合理でも新しい制度をほめてもらうほうが、遥に大きな関心事なのです。」

彼は、日本のこうした急展開ぶりを「死の跳躍」と呼び、「その際日本国民が首の骨を折らなければ何よりなのだが」とも記している。

オランダの治水技術者デレーケが嘆いたのもこの点であった。彼が提唱した治山重視、水系一環の思想は、祖国オランダではなく日本の急流河川にこそ特に必要なはずであった。しかもそれは、この国の伝統的治水思想とも一致していた。近代技術のまばゆさにばかり目を奪われ、治山という古くて地味な事業が軽視されて行くのにたまりかねたデレーケは「治水雑誌」誌上に論文を発表し、日本の指導者達の見識のなさを

ついたあと、しかし自分は一お雇い外人に過ぎない
と、その立場の無力さを嘆くのだった。

（明治二三年頃の逸話）

「科学をうまく使いこなせない」

「時代と呼応した学問を―科学から誌への展開」（雑誌「ちるちんびと」二〇〇〇年一一月）で、中村桂子（理学博士、JT生命誌研究館副館長、大阪大学連携大学院教授）は

一般には科学を真理そのものであるかのように捉え、科学の言うことが正しいと思い込んでいる人が多い。科学の信者だけでなく反科学の人も同じです。これでは科学をうまく使いこなせません。

と書いています。

つまり、明治の人たちが西洋から来た科学に持った弱点を、現代人も引き継いでいるというわけです。

その5　教育内容の日常性について

文明開化の後遺症
学校教育に日常性がない

私は、現在の学校教育が、「日本人の日常生活から遊離している」欠点があると考えています。自分の目と頭で考えないようになるので教育にとって有害です。

その欠点はあまり取りざたされませんが、それは、一方に日常生活から遊離し、西欧崇拝に足場を見つけている学問があるからです。学識経験者の多くは「日常性が無いこと」を学校教育の欠点として意識しません。

文部科学省は、その人たちを選んで、学校教育を考えるための審議委員を編成していますので、この欠点の是正はむずかしいのです。

教育と、学問が、それぞれ日常生活から遊離する体質を持ち、鶏と卵の関係のようになって後世に欠点を

遺伝させています。明治の学問政策の欠陥が現在に影響を残しています。

文明開化の後遺症を高等学校「倫理」に見る

その一例として、二〇世紀終わりのころの高等学校の「倫理」の教科書に掲載されている偉人名に注目します。

そこには明治初頭の西洋へのあこがれ、無批判な西洋文明礼賛の姿勢が、予想以上に強く残っています。

倫理の教科書には、世界の文明が、ギリシャに始まり、紀元前三〇〇年でとぎれ、一三世紀になって、ルネッサンスで花開くのですが、これは、西洋の歴史観をそのまま受け入れています。それに、日本を付け加えて、世界の歴史としています。

倫理の教科書の把握する世界は、東洋と、西洋ですが、東洋は、日本中心で、中国・印度まで、西洋は、英・独・仏・伊が中心です。トルコ、アラブ、アフリカは影が薄くなっています。

資料　高等学校倫理の教科書に出てくる偉人の国名と人数

倫理（教科書）数研出版一九九四年版
古代ギリシャ7、ローマ2、ドイツ13、フランス10、イギリス8、イタリア5、アメリカ2、オランダ1、ポーランド1、オーストリア1、中国11、インド4、イスラム1、日本52

新資料倫理（資料集）
東京学習出版社二〇〇一年発行
ギリシャ29、ローマ7、イタリア14、イギリス16、フランス19、ドイツ18、オランダ3、スイス3、ポルトガル3、キリスト教9、ユダヤ教9、アラブ2、中国33、インド7、日本50

江戸時代の寺子屋教育の日常性
文明開化以前日常性があった

ひるがえって、江戸時代の寺子屋教育では、この欠点はありませんでした。江戸時代の初等教育である寺子屋教育で、こどもたちが学んでいたことは、「江戸時代市民」の教育要求に基づいた内容であり、こどもの将来の生活に役立つことでした。

寺子屋の教育内容についての市民の意見を「主張」している歌があります。今日の学習指導要領を歌でまとめてあるのですが、その一つである都市江戸にあった歌は、

名頭と江戸方角と村の名と商売往来これでたくさん

歌の中にある「名頭《ながしら》」とは、庶民の名前に使用される頭文字を集めたものです。「江戸方角」とは、江戸のまちの案内、「村の名」は、都市江戸の近在の村の名前です。「商売往来」とは、商売をする人としての記帳などの技能、心得が書かれた「教科書」です。

徳川幕府は、寺子屋の師匠の資格判断をしていませんでした。市民は、自分で師匠の価値を判断しました。寺子屋の師匠は、何かにつけ寺子や町内の面倒を見ていました。

師匠の出身は武士、僧侶だけではなく、庶民出身、女性など多様でしたが、地域の信頼を得ていました。寺子屋の生徒を、寺子とか筆子といいますが、彼らが費用を出し合って師匠の墓を作ることは珍しくなかったのです。そのような墓、「筆子塚」が全国にあります。

外国人が目を見張った「江戸日本」の教育

日常生活を基とした教科書による教育をした「江戸」の教育が、劣っていたとはいえません。

小泉吉永の「江戸の教育に学ぶ」（ＮＨＫ知るを楽しむ二〇〇六年）に次の記述があります。

安土桃山時代、ルイス・フロイスというポルトガル人宣教師が日本にやってきました。彼が日本人の子育てを見てびっくりしたのは、「こどもにムチを使わずに言葉で戒める」ということでした。

そして彼は、日本のこどもたちは「立ち居振る舞いが完全で、のびのびしていて愛嬌がある」と書いています。

幕末松前藩で捕虜になったロシアの海軍士官、ブローニンは、日本を子育て上手な先進国として賞賛し、「日本人はこどもにも読み書きや法律・歴史・地理などを上手に教えるが、もっとも大切なことは、幼い頃から子どもに忍耐・質素・礼儀を極めて巧みに教えることである」と述べています。

私たちは、江戸時代の日本の教育にも自信が持てます。

第2話

すばらしい江戸時代の科学

その1　持続可能な社会の教育創造のため「江戸」に学ぶ

現代が学ぶべき江戸時代の知恵

江戸時代の社会は、持続可能な社会のモデルとして適しています。海上交通を重視したこと、資源を有効に利用し、今日でいうゼロエミッションに近かったこと、銃器を否定して余計な軍事費を抑えたこと、各藩が独立採算制をとっていたこと、二五〇年も平和であったことなど教訓に満ちています。

明治から始まった社会の仕組みは、平和ではなく戦争を第一に考え、経済は、廃棄を無視して生産・消費拡大を行い、公害、地球環境破壊を発生させるものでした。

この「明治の欠点」を指摘する声は大きくならず、今日でも、明治は「先見の明があった」と評価されています。これは、江戸時代が過度に否定されたことと裏腹なのです。私は、否定されすぎた「江戸」を、もう一度見直すべきだと思います。

幕末の学問が、多くの人から「軽蔑」されていたことを紹介しましたが、一方で現代が見習う必要のある学問が存在しました。

江戸時代の、自分たちの生活をしっかり見据えた合理的な考え方（これは、ドイツ人ベルタや、オランダ人デレーケが指摘していた）を知り、それに学べば、現代の教育と科学と環境問題のバランスをよくすることに役立ちます。

アメリカ人学者の最近の江戸時代評価を紹介しておきます。

「文明崩壊」（二〇〇五年）が江戸の植林を評価

ジャレド・ダイアモンドは、著書「銃、病原菌、鉄」により、一九九八年度のピューリッツァー賞を受賞しました。彼の著書「文明崩壊」（二〇〇五　日本版草思社）には、文明崩壊を免れた例として、植林を推進した徳川の政策が訳本の十数ページにわたり紹介されています。

漢籍を読むだけではない学問　熊沢蕃山

熊沢蕃山は和魂漢才を実践した人です。熊沢蕃山（一六一九～一六九一）は、陽明学の漢学者です。陽明学は儒学の中で実践を重んずる派です。蕃山も理論よりも実践、政治社会情勢に関する経験的観察眼で評価が高い人です。著書に「大学惑問」「集義和書」などがあります。

一六〇三年に江戸幕府が開かれて、約半世紀を経た一六五四（承応三）年、備前一帯の大洪水があり、ついで凶作大飢饉がありました。この時、蕃山は、岡山藩の池田光政に招かれ救済に尽力して、効果を上げました。しかし、家老らと対立し、数年で岡山藩を後にしました。

以後ながく藩への批判をやめなかったので、幕府により、時の政治を批判したとがめで、下総国（茨城県）古河にうつされ、そこで病死しました。

熊沢蕃山の学問は、漢籍を読むだけではなく、日本の土着の科学を利用した学問です。学者が現場を理論的に支配している関係ではありません。

熊沢蕃山が偉いのは、漢書の中の聖人に結論を求めるのではなく、地域の実際の技能を高く評価し、現場の意見をくみ上げる心の広さを持っていたことです。「山川は国の本なり」と考え、堤防だけではなく、治山も含め環境に適した工法をとりました。二百年後明治時代にオランダのデレーケが同じ工法を政府にすすめているのです。

徳川幕府が上昇気流にある頃、学問もまた活性を持っていたことがわかります。

熊沢蕃山の「和魂」がどのようなものであったか、蕃山の著書「集義和書」（日本の思想、筑摩書房、西田太一郎）に見ることができます。

朋友問、貴老は先年、池提を修造して、当然起こるはずの飢饉を救い、後の日損（干害）と水損（水害）を防止されたので、土地の人民はいまでもその功をほめているそうです。どのようにしてそのような治水術を鍛錬されたのですか。

答、私はそのような術は見たことも習ったこともない。もし前から功者であるなら、まず自分の才覚を出して他人の才知を塞ぐだろうから、格別の功を立てようはずがない。自分は治水の術を知らないから、功者の人にそれをさせたのである。巧者の人々が治水工事をするのを許しただけである。
（現代語訳）

京都の経済学者石田梅岩

江戸時代の中期には、商業の科学も芽生えてきました。京都の石田梅岩は和魂漢才による「経済学者」です。

江戸中期には、藩財政はしだいに逼迫し、力を蓄えてきた町人に援助を仰ぐようになりました。新田開発にも商人の力を借りています。幕府勢力は、商人の利益保存のためのシステム（米の投機売買、カルテルである株仲間）を認めるようになりました。

そのような時に、石田梅岩（一六八五～一七四四）は、今日でいう経済学の講義を京都の借家で始めました。一七二九（享保一四）年です。当時、儒教では評価の低かった商業を、人の仕事として立派なものであると教えました。武士が録を得て働くのとおなじく商人は利潤を得て生計を立てる、利を追うのは当然であると、町人の論理を説き、商人の道について「実《まこと》の商人は先も立ち、われも立つ事を思ふなり」と経済道徳を説いています。この言葉は今でも一般の人にまで記憶されています。

門弟は、手島堵庵《てじまとあん》、布施松翁《ふせしょうおう》、中沢道二《なかざわどうじ》、大島有《おおしまゆう》隣《りん》、柴田鳩翁《しばたきゅうおう》、海保青陵《かいほせいりょう》、佐藤信淵《さとうのぶひろ》などです。

海保青陵に『商工立国論』、『商業藩営論』、佐藤信淵に『商業国営論』の著作があります。

石門心学　和魂漢才の現場

石田梅岩の教えは全国に広がって、石門心学と呼ばれるようになりました。心学は儒教の一派ですが、石門心学は梅岩のオリジナルです。石門心学が町人の心を引きつけたのは、内容が日常に密着していたからです。

石田梅岩が教授内容をつくる原則は、

心学道話は識者のためにもうけたのではない。家業に追われて暇のないお百姓や、町人衆のために、聖道の道あることをお知らせしたくて、説いているのだから、言葉を平たくして、たとえを多くし、神道であれ、仏道であれ、何でも取り込んで話しをしている。

という方法です。日本の日常生活に合わせて、漢書を理解しよう、または理解させようとしているのです。これが和魂漢才だと思います。

海後宗臣《かいごときおみ》（東京大学教授）は、一九三九（昭和一四）年NHKで放送した「佐藤誠実の日本教育史」の原稿に加筆して、一九八四年に「日本教育小史」を出版しています。彼は、石田梅岩の心学舎を

かくのごとくに生活に極めて接近した道徳教育を進めたために多くの人々の間に求められ、心学舎には多数の人々が集まった。

（日本教育小史、講談社学術文庫一九九〇）

と書いています。

株式会社パナソニック創始者　松下幸之助は、経営に行き詰まれば、石門心学の書籍を読めばよいと人に勧めたそうです。

大分県国東にいた世界に通用する哲学的科学者三浦梅園

三浦梅園（一七二三〜八九）は大分県国東の人です。彼は科学的な態度を身につけた人で、天文・医学・哲学・歴史・宗教・政治・経済など多分野に通じ、独自の認識論と存在論によって宇宙・自然・人間を説明する条理の学を唱えました。ヘーゲルより半世紀も前に弁証法哲学を唱えたとの評価もあります。自然哲学者、本職は医者。大分県国東郡の一村から、生涯ほとんど出たことがありませんでした。

著書には「玄語」「贅語」「敢語」があります。これらは、梅園自身によって「梅園三語」と命名されました。「玄語」はついに完成できませんでした。

「梅園三語」以外の著書には、詩学概論「詩轍《してつ》」、経済論「価原」、医学書「身生餘譚」「造物餘譚」などがあります。「価原」は、スミスに劣らぬ価値哲学であると評価されています。

梅園の学問観と「足下の術」

三浦梅園の学問は科学的な観察を基礎に成り立っています。彼の学風は、

魚を識らんと欲すれば、まず魚史を読むよりも、すみやかに魚屋につけ、華を識らんと欲すれば、まず花譜をひもとかんよりは、花畑に走れ。

という観察重視です。この学問の方法を「足下の術」と名付けています

前に書いた新渡戸の「武士道の淵源」には、三浦梅園の「学問は臭き菜のようなり、能く能く臭みを去らざれば用いがたし。少し書を読めば少し学者臭し、余計書を読めば余計学者臭し、こまりものなり」が引用されていました。

「学問の臭い」は、日本の学問が孔孟の書に淵源を持つために生じるものでしょう。

三浦梅園は、学問は日本人の生活に役たてるためのものだと考えていましたから、学問を志す者に、何度も煮てその臭いをとらなければならないと教えていたのだと思います。

数学も世界に遅れを取っていなかった

江戸時代、日本には独自の数学和算がありました。当時世界最高レベルの数学と遜色がなかったのです。

和算家については、ほとんど知られていません。関孝和は、例外的に有名です。甲府藩士、生年も没年も不明です。

関孝和は、一六八三年に、行列式にあたる算法を開発しました。西欧でこの方法が導入されたのはその八〇年もあとです。

関孝和の唯一の著書「発微算法」（一六七四年発行）で、和算家沢口一之が著わした「古今算法記」（一六七一年）の難問一五題を解いています。

日本の数学は、「遺題継承」という日本独自の方法を持っています。自分の書いた和算の本の巻末にいくつもの問題をのせ、解答は書かないでおきます。その問題が他の和算家への挑戦です。後年、挑戦を受けて立つ和算家が解いてみせるところがゲーム的です。

全国の和算好きの長者がスポンサーになっていました。和算家は、各地の長者の家に寄宿して生活し、研鑽しました。江戸時代の画家、文人と同じ形です。数学にのめり込んでも少しもお金儲けにならないし、名前も残らないけれど、全国に数学好きが多く、自分の作った問題を神社に奉納したりしています。

現代の「数学ゲーム」では、「フェルマーの最終定理」が有名です。一八二三年、フランス科学アカデミーが懸賞金をかけたのが始まりで、新たに、一九〇八年、パウル・ヴォルフスケール（資本家）がドイツ科学アカデミーを通して一〇万マルク（五万ユーロとして六五〇万円）の懸賞金をかけ、一九九七年、アンドリュー・ワイルズ（イギリス）が受賞しました。

大坂の「科学研究所」懐徳堂の誕生

大坂は、商業が発達し、豊かな地域でした。ここには、古い書籍にとらわれず、合理的とか、資本主義的とかいえる新しい発想をもった大坂の学問がありました。

大坂の学問というと、緒方洪庵の適塾を思い出すのですが、適塾が有名なのは、福沢諭吉など、明治維新に影響を与えた人が、門下生にいたからです。

それより前、一七二四年（将軍吉宗の時代）に、懐《かい》徳堂《とくどう》が作られています。これが意外に知られていません。

徳川吉宗は文化を高めた将軍で、当時、各地に藩校が作られたのですが、大坂は藩制ではありませんでした。だから、民間が幕府に願い出て許され、「民間の藩校」の心意気で、懐徳堂を作りました。その出資者は、三星屋武右衛門・富永芳春（道明寺屋吉左右衛門）・舟橋屋四郎右衛門・備前屋吉兵衛・鴻池又四郎の五人（五同志）で、大坂屈指の豪商たちでした。

塾長は三宅石庵、学主は中井甃庵《しゅうあん》。町人の学問所として、大坂人の強い支持を受け、大いに繁盛しました。こどもの教育もしました。

中井甃庵を中心に懐徳堂関係者が奔走して、一七二六（享保一一）年に官許学問所となりました。私塾が幕府に公認されるのは初めてのことであり、塾長として名誉なことですが、三宅石庵は「それはどうでもいいこと」と、さして喜ばなかったといいます。

さあ学問していきませんか

このような塾、懐徳堂の学則は三条からなっていました。学則を見ると、その第一に「職業を勤る事」のために学問があるとしていることが注目されます。だからこそ、仕事を持っている人のことも考え、仕事の空き時間で学問ができるようにしています。

座席について「武家方は上座と一応定めるが、講義開始後は身分によって分けない。」としているのも町人の町らしい学則といえます。

懐徳堂の学則は、「教えてやる」のではなく、「さあ、あなたも学びませんか」という学則です。私たちは、江戸時代には個人がまったく認められていなかったような印象を持ちますが、人格は尊重されていたことがわかります。

この優しい日本の教育の伝統は、明治の荒々しい教育改革により、江戸時代に置き去られました。

資料　懐徳堂の初期の学則

一、学問とは忠孝を尽くし職業を勤むる等の上に之有るの事にて候う。講釈も唯だ右の趣を説きすすむる義第一に候えば、書物持たざる人も聴聞くるしかるまじく候う事。但し、叶わざる用事出来候わば、講釈半ばにて退出之有るべく候う。

二、武家方は上座と為すべく候う事。但し、講釈始まり候う後出席候わば、其の差別之有るまじく候う。

三、始めて出席の方は、中井忠蔵迄其の断り之有るべく候う事。但し、忠蔵他行の節は、支配人新助迄案内之有るべく候う。

懐徳堂はヌエ学問といわれた

塾長三宅石庵の学問は、朱子学や陽明学、仁斎学など取り入れたので、「その首は朱子、尾は陽明にして声は仁斎に似たり」と批判され、「鵺《ぬえ》学問」と言われました。ヌエとは、伝説上の怪物であり正体不明の意味を持ちます。寄せ集めで一貫性がない学問と批判されたのです。

大坂に、武士が何人いたか資料がないそうで、一万人には遠くとどかなかったと考えられています。大坂の人口は三〇~四〇万人でしたから、大坂の町のなかで武士に会うことはほとんどなかったのです。

一方の都市江戸では人口の半分は武士でした。

大坂で朱子学を教える場合、江戸の学者のように、正統的な武士の朱子学として教えても共感されないので、教える内容を工夫するのは当然です。石田梅岩も、いろいろ工夫していました。

三宅石庵は、たとえば「義」を追求することが「利」につながると教えていたのですが、江戸の正統学派から見れば、義と利を混同することは信じられない暴論だったでしょう。

懐徳堂は創造性豊かな学風

懐徳堂には、塾長三宅石庵、二代目塾長中井甃庵のほか、五位蘭州、中井竹山、中井履軒、山片蟠桃、富永仲基など当時の有能な学者がいました。

山片蟠桃は近代科学的合理性を追求、「夢の代」を書きました。ここには地動説、無神論、表音文字説など書かれていました。

富永仲基は宗教論「出定後語」「翁の文」を書き、神仏儒三教にたいする一般通念を批判しました。

中井履軒は、ターヘルアナトミアより早く人体解剖の書を書いています。また、麻田剛立を寄宿させ、援助し、日本の天文学の発祥に大きく手を貸しています。

大坂の天文学　幕府に呼ばれ寛政暦を作る

麻田剛立（天文学）は大分の人で、独学で天文学を修め、暦にない日食を予言して有名になりました。脱藩して大坂に出て先事館を開き、天文学の業績を上げました。それを記念して月のクレーターにアサダがつけられています。先事館で、高橋至時《よしとき》、間重富らの弟子を育てました。後日、幕府から、天文方への出仕を要請された時に、自らの病気を理由に、彼らを推薦しました。

高橋至時と間重富は、麻田剛立の名代として幕府天文方に採用され、幕府に要請された新しい暦（寛政暦）を作りました。

適塾への流れ

高橋至時、間重富は、岩橋善兵衛（大阪府貝塚の人）が作った望遠鏡で、詳しく天体観測をしています。また、伊能忠敬に暦を教え、日本地図測量に力添えをしました。

忠敬の死後、「大日本沿海輿地全図」を完成させた高橋景保は、至時の子です。

間重富は、笠屋の職人であった橋本宗吉（のちに曇斎）を見いだし、大槻玄沢の弟子に推挙しました。

橋本曇斎は、大槻門下生の四天王といわれるほどになり、大阪に帰って、医院と学塾を兼ねた絲漢堂を開き、診療と教育活動に務め、エレキテルの研究も行っていましたが、大塩平八郎の乱の時に、弟子の一人が連座したため、幕府のきつい調べを受けるようになり、晩年不遇でした。「阿蘭陀エレキテル究理原」などの著書があります。電気関係の出版社であるオーム社が、電気の理論の先駆者として、一九二六年に大阪の寺に墓を建てています。広島には、古い墓があります。

橋本曇斎の弟子中天遊が緒方洪庵を育て、緒方洪庵は適塾を作りました。

学問の正統性とは

懐徳堂は、儒学の塾なのに、科学的な知見を持った人を多く育てました。その創造性豊かな学風は、孔子の言葉、「温故知新」の真意に沿っています。次世代への学問の橋渡しもしています。

懐徳堂に、他学派から非難されるいわれはなく、創造性を喪失した当時の正統学問こそ、非難に値するものだったのです。

正統な学問とは何か。今日の学問事情においても同じ問題点があります。これを常に意識して、今後の教育を作り上げることが大切です。

その2　江戸時代の立派な学問を引き継ぐ人々

明治に、正式な学問とされた西洋学問を学ぶ学者は、「畢竟漢学者流の悪習を免れざるものにて、あたかも漢を体にして、衣を洋にするがごとし（福沢諭吉）」といわれる非創造的な存在になりました。明治政府の学校制度は、政府の有能な役人は作り出したけれど、ほんとうの学者を育てていないというわけです。

一方で、「江戸」が否定され、江戸時代からの科学的な学問の伝統や、教育の伝統（優しく、そして日常生活に密着している）は表舞台から消されています。

それでも、明治時代に、優秀な学者を排出したのはなぜでしょうか。近代日本の優秀な学者の伝記を読むと、「江戸」の学問と教育の力が、民間に継承されていて、民間の力で優秀な学者を作っていたことがわかります。

南方熊楠は江戸時代の「旅して学ぶ」方法をとり世界を旅した

世界的に有名な生物学者南方熊楠は、一八六七年、裕福な商家に生まれました。生家は、南方熊楠が学問を続けるために、生涯にわたり援助をしました。

一八七三（明治六）年に和歌山市の雄小学校に入学、一八七九年に和歌山中学校に入学しています。一八八四（明治一七）年に東京大学予備門（第一高等学校の前身）に入学、二年後に退学しています。退学後アメリカに渡り、またイギリスに渡って、学問を続け、九三（明治二六）年にはネイチャー誌に研究成果が掲載されました。

南方熊楠は、日本の学校教育の歴史を、第一期生として歩んだような人です。その彼が、東京大学を卒業しなかった理由を推察すると、一つは、町人の子が学校制度に乗った時に、武士の子弟から馬鹿にされたので、腹に据えかねたことが考えられます。

南方熊楠と前後して、武士の家に生まれた長岡半太郎（長崎）、上田万年（尾張）は、ともに東京帝国大学を卒業し、同大学の教授を務めていることと対比できます。

また、南方の持つ学者イメージが江戸時代のものであり、その頃台頭する学者イメージである「学者とは、東京大学を出て、政府のお墨付きをもらうもの」という執着がなかったのでしょう。

南方熊楠は、東京大学をやめてすぐ、江戸時代の学者のように学問のための旅に出ました。旅の規模は大きく、世界的規模でした。

東京大学のお墨付きがない、生涯職についていない、などのため日本では無冠です。しかし学問の気骨は江戸時代人です。民俗学の柳田国男との文通を中心とした交流がありました。

自然保護運動の面からも評価されています。明治末期の政府の強引な神社合祀令によって、神社の鎮守の森が失われることに危機を感じ、反対運動を起こしました。特に、田辺湾の小島である神島《かしま》の保護運動に力をいれました。この島は天然記念物に指定されています。

一九二九（昭和四）年、昭和天皇が紀南に行幸し、神島に上陸して生物調査をしましたが、その際田辺湾神島沖の戦艦長門艦上で進講したことが有名です。

南方熊楠死後、四八年に、昭和天皇が渋沢敬三に、南方熊楠の標本の調査を依頼したことから、「南方ソサエティ」が作られました。

六二年に、昭和天皇は白浜町を行幸し、神島を眺めて「雨にけぶる 神島を見て 紀伊の国の 生みし南方熊楠を思ふ」と詠んでいます。

野口英世は「江戸」の教育力で育った

野口英世は、ノーベル賞を逃していますが、もし第一次世界大戦が無ければ、日本人初のノーベル賞を獲得したであろうといわれている人です。

野口英世は、一八七六（明治九）年、会津の生まれです。幼少の時に、やけどをして手に不具合があり、加えて貧乏でした。一八八三（明治一六）年、同級生の中でも年が若い満六才五ヶ月で、三ツ和小学校に入学しますが、この学校は、野口家が世話になっている豪農の家宅を利用して造られたものです。

会津藩は明治政府に敵対したので、政府の覚えの悪い地域です。金のない地域では、とても学校を作れませんでした。個人の家宅を小学校にするのは、明治政府が公認していました。

一八八九（明治二二）年、猪苗代高等小学校教頭小林栄にその成績を認められ、猪苗代高等小学校に入学。それ以後、小林栄のサポートを受けます。

小林栄は、会津藩士の家系です。小林は、やけどのため左手が不自由な野口の将来を考え、会津若松の医者渡部鼎に、野口英世の育成を依頼します。野口は、ここで医院の雑用をしながら開業医になるための医学を学びます。

一八九三（明治二六）年、上京し、歯科医であり高山歯科医学院（現東京歯科大学）創立者の一人血脇守之助をたより、援助を受けることになりました。以後、小林栄、血脇守之助らの強いバックアップを受けて、業績を上げていきます。血脇守之助は会津藩との関係はないので、藩閥的な考えではなく、純粋に野口の才能をバックアップしたのです。

この野口英世が学んだ経路は、江戸時代の人材育成の「草の根システム」が、明治の中期に生きていたことを教えてくれます。

長岡半太郎は学校教育を受けた「江戸人」

南方熊楠、野口英世より早い一八六五（慶応元）年、長崎大村の武士の家系に長岡半太郎が生まれました。

長岡は、長崎大村藩校、東京帝国大学と、正統な学校教育を受けています。東京帝国大学教授として多くの弟子を指導しました。長岡は、土星型の原子模型をラザホード、ボーアに先立って考え出していましたが、研究を取りやめたため、その部分での世界的名声を得ることはありませんでした。研究をやめたのは、先輩の忠告に従ったからですが、止めたことを残念に思っていたので、弟子の仁科芳雄には、自由な学風を許し、それが朝永振一郎、坂田昌一などに受け継がれました。電気関係の人は、ソレノイドコイルの長岡係数でなじみがあります。

一九三一（昭和六）年、大阪帝国大学が創立されました。この時、長岡半太郎は東京帝国大学を離れ、大阪帝国大学の初代学長になりました。

一九三四（昭和九）年に、講師として、湯川秀樹を大阪大学に招いています。「湯川というのは秀才か」と聞かれて、長岡学長は「文部省が定めたような学課が満遍なくできる秀才が何になる。湯川にはオリジナリティがある。これが大事だ」と答えています。（湯川秀樹　宝島社〇七年）

長岡学長は、文部省の定めた学校制度の優等生の道筋を通った人ですが、彼の言葉の中には、文部省の作る学校教育への不信が含まれています。と同時に、自分たちで学問を作り出す自信にあふれています。

長岡半太郎もまた、江戸時代の気迫をもって学問の道を歩んでいたのです。明治に張り出した、草の根のような「江戸」の気風を十分に吸い込んでいます。そして、湯川の才能を引き出しています。一九三九年にスエーデンノーベル賞委員会に湯川秀樹を推薦しました。

学校教育で育った湯川秀樹は儒者の文脈

一九四九年（昭和二四年）に湯川秀樹が日本人初のノーベル賞を受賞しました。国民の心に灯をともした受賞でした。太平洋戦争の敗戦から四年、当時日本は連合軍の占領下にあり、生活の混乱、疲弊、自信喪失の中にありましたので、「湯川博士にノーベル賞」の号外、新聞など、みんながむさぼるように読みました。「日本人は世界に通用する」「日本人は劣等ではない」「今日は苦しいが、がんばる」などと、国民は強い感銘を受けました。

湯川秀樹は、理論物理学者で、中間子理論の提唱などで原子核・素粒子物理学の発展に大きな功績を挙げたことが評価されました。受賞時には、アメリカコロンビア大学客員教授でした。

日本では、大坂帝国大学助教授、京都帝国大学教授、東京帝国大学教授、京都大学基礎物理研究所所長を歴任しています。

一九〇七（明治四〇）年、東京生まれですが、翌年、父が京都大学教授に就任したため、京都に移り、京極小学校、京都一中、第三高等学校、京都帝国大学で学びました。父小川琢治方の祖父は田辺藩の儒者で、湯川秀樹は、幼い時に漢文を習っています。

七人兄弟のうち、男は五人で、そのうち四人（末弟は太平洋戦争で戦死）が学者です。長兄小川芳樹は冶金学、次兄貝塚茂樹が東洋学、弟小川環樹が中国文学です。

湯川秀樹は、「荘子の教えに深く傾倒している」と話していました。また、素粒子理論を、東洋的な考え方で攻略できるのではないかと考えていたようです。湯川秀樹は、整備された学校教育の中で学びましたが、家庭の雰囲気の中に父方の学者（儒者）の影響が見られます。ここに、かろうじて江戸学問の気風が残っています。

「江戸時代」がなくなる

「江戸の日本の科学の心意気」をもつ人が昭和初期に他界しています。

小林栄、血脇守之助の世代を、明治一世とすると、南方、野口は二世であり、湯川の年代は三世です。

彼ら先輩に指導された四世が、二〇世紀で、現役を退いています。

「五世」は、育っていないでしょう。日本の、草の根教育力は絶えたと考えるのが妥当です。

日本人の理学系のノーベル賞受賞者は、二〇一〇年時点で、湯川秀樹、朝永振一郎、江崎玲於奈、福井謙一、利根川進、白川英樹、野依良治、小柴昌俊、田中耕一、小林誠、益川敏英、下村脩、鈴木章、根岸英一の一四氏です。

最近の受賞者になるほど、アメリカで業績を上げた人が多くなっています。

一〇年に受賞した根岸英一氏は、日本では仕事がなかったので、アメリカの大学で研究員となり、教授になりました。受賞に関して日本国の貢献はほとんどないのです。

南部陽一郎氏は〇八年に受賞していますが、それ以前に米国籍を取得しています。

すぐれた学者を、ノーベル賞受賞者であるとすると、今後それは、外国教育で科学の心意気を教えられた人になるに違いありません。

国の科学技術基本計画（二〇〇六〜二〇一〇年）では、ノーベル賞受賞者数を「五〇年間で三〇人程度」という数値目標で考えていますが、その三〇人に、日本国がどれだけ貢献できるでしょうか。

資料　文中に出てきた人の没年

血脇守之助、一九四七（昭和二二）年
野口英世、一九二八（昭和三）年
南方熊楠、一九四一（昭和一六）年
長岡半太郎、一九五〇（昭和二五）年

第3話

日本の近代教育のはじまり

その1　グレゴリオ暦と明治維新

明治元年付近の歴は、慶応から明治への元号の変更とグレゴリオ暦導入とが重なり、大変ややこしくなっています。特に知らなくてもいいのですが、短く整理しておきます。

元号の変更について「慶応四年をもって明治元年とする」としたのは、明治天皇が即位したことを内外に宣言した御大礼（慶応四年八月二七日）の後の九月です。九ヶ月も遡って慶応四年一月一日を明治元年一月一日としました。

グレゴリオ暦（現行の西洋暦）の導入は、明治五年（一八七二年）です。明治五年一二月二日の翌日を明治六年一月一日（グレゴリオ暦の一八七三年一月一日）として西洋の歴に合わせました。グレゴリオ暦導入後に計算してみると、明治元年一月一日は、一八六八年一月二五日になります。

私は、「明治維新はイヤロッパ（一八六八年）」と覚えていましたが、元号が明治になった時を明治維新の完成の時と考えた語呂合わせなのです。

その2　誰もが想定外の明治国家が誕生

幕末のころの東アジアでは、各地で西洋列強が植民地戦争を仕かけています。これら、外圧が大きく影響して、明治国家が誕生しました。

明治国家の際立つ特徴は、発足時に国家像が未確定であることです。

その昔、戦国時代には、領地の争奪をかけた戦争に明け暮れていましたが、領地の争奪を通して、国のあり方への考え方が練られていたといえます。

つまり、動乱の中で、領民がその意志を領主に伝えていた、あるいは、領主が汲み取っていたと考えられます。したがって、豊臣秀吉が天下を取ったとき、すでに国のあり方が練り上げられていました。徳川家康の場合も同じです。（豊臣と徳川の違いは、徳川がより遠い将来を見通していたことと考えられます）

明治国家は、違います。戦国時代を内に含んで出現し、発足の後、動乱の中で国の形を整えています。明治の元勲とは、明治維新を実現させ、明治政府の樹立に力があった人のことです。これら重鎮ですら、それぞれ考えていた通りの明治国家ができたとはいえません。

元勲のうち、大久保利通、大村益次郎、広沢真臣、横井小楠は暗殺され、前原一誠（萩の乱）、江藤新平（萩の乱）、西郷隆盛（西南の役）は闘いに破れ、前原、江藤は刑死、西郷は戦死しました。

その3　維新の百年前 アメリカでは人民が主役

アメリカは、一七七五年から、一七八三年までのイギリスとの独立戦争をへて、建国しました。

建国前の一七七六年に、トーマス・ジェファーソン（第三代大統領）が草案を書いたバージニア憲法が作られました。

この憲法の前文で

これまで英国の王が有していたすべての憲法の権威は、社会全体の共通の利益のため契約によって人民から由来し、人民が保持するものとなった。

とうたっています。

同時期に、ジョージ・メイソン（権利章典の父）が起草したバージニア権利章典には、「国民が財産を獲得して所有し、幸福と安全を追求し獲得する手段と共に、生命と自由を享受する権利」を国が奪うことはできないことが書かれています。

このように、国民（人民）の要求があり、それに沿って国の将来像が描かれて、建国を迎えています。

その4　まず国民を創造する

日本の近代教育の始まり

日本に限らず、近代教育は、学校教育を必要とします。日本の学校教育の歴史について、文部科学省が出版している、「学制百年史」（一九八一昭和五六）「学制百二十年史」（一九九二）を主な参考書にして調べました。この本は、文部科学省の学校教育に関する自伝であり、ホームページでも見ることができました。

　文部科学省は、近代教育の発足を「法律ができた時」と考え、学制が頒布《はんぷ》（広く配ること）された一八七二（明治五）年を元年として百年、百二十年を数えています。

　「学制」とは、今日でいえば、初等・中等教育について定めている学校教育法です。

　しかし、日本の学校教育の歴史を調べる時には、学制制定が出発点ではありません。幕末から明治国家の発足を挟んで新しい教育への期待が全国規模で膨らんでいて、近代教育は、学制以前に芽を出していたと見るべきです。

学制頒布以前に作られた学校

一八五五年、長崎海軍伝習所が作られた。
一八五八年、福沢諭吉慶応義塾を名乗る。
一八六九年六月、京都府上京第二七番組小学校開業。
一八七一年九月、工部省に工学寮設置。
一八七三年七月、工学寮工学校設立（土木・機械・電信・化学など七学科）。

国民を作る大教宣布

明治国家の場合、まず国民を作らなければなりません。明治政府は、一八六九（明治二）年神祇省に教導局を設け、惟神《かんながら》の大道を国民に宣布することになりました。そのために宣教使をつくり、国学者、漢学者をその役にあてました。

　この宣教使開業式（一八七〇（明治三）年）において、明治天皇から大教宣布の詔がだされました。詔の要旨は、

> 昔から多くの変遷をへて、今日維新となった。政治の道、道徳の道を純粋にして、惟神の大道を宣揚することにする。宣教使を命じ、天下に布教させる。

というものでした。

教化の内容は、次の三つです。

一、敬神愛国ノ旨ヲ体スベキコト

二、天地人道ヲ明ニスベキコト

三、皇上を奉戴シ朝旨ヲ尊守セシムベキコト（天皇の言葉を尊守する）

大教宣布の趣旨について、諸藩に配布された文書（廃藩置県は明治四年）で「国民の心を正しくして職務に専念させるものであること、政教一致の精神で人民を朝廷に奉じさせること」など示されています。

しかし、宣教使の育成は、五年後の七五年に養成機関が廃止され、八四（明治一七）年には制度が無くなりました。

明治武士道（国軍の精神）を整備

明治国家の場合、結局立憲君主国になりましたから、国民の呼び名は臣民というのが正しいのです。

たとえば、首相の伊藤博文が天皇に書を出す場合、臣伊藤博文と署名します。

明治政府は、「臣民は戦力として存在するべきもの」との基本認識を持ち、「国民」のあり方を既定していったに違いありません。

当然のことのように、国の軍隊は徴兵制によって整備されました。（一八七三年徴兵令施行）

明治政府は、西洋の植民地主義に対抗することを最重視していましたし、国内の反対勢力を押さえるためにも軍隊を使いましたから、何にもまして重要な組織でした。

加えて、「国民」に、臣民としてのあり方を教え込む教室としても重要な場所でした。

明治政府は、建国すぐには国軍の精神が作れませんでしたので、軍隊での臣民教育は不十分でしたが、西南戦争が終わり、幕藩体制の武士を一掃したのを機会に、「明治の武士道」を作りました。

当然、これには、明治政府の期待する臣民像が反映されています。

この時期に書かれた多くの武士道の著作の中に、新渡戸稲造の「武士道」があります。

西周《にしあまね》が軍人勅諭をつくる

明治武士道創造の文脈から、軍人勅諭が書かれました。長州の西周が中心になって起草しました。

西周は、榎本武揚らとオランダに留学しています。一八六八年に旧幕臣系の人々が作った沼津兵学校の初代校長、獨逸学協会中学校（後の獨協大学）の初代校長など務めました。

起草に先立ち西周は周到に考え、軍隊関係者など多くの関係者から意見を聞き取りました。これには、当時の藩閥政治の中心である薩摩、長州の思想が影響しました。

十二分に考え、推敲して、一八八二（明治一五）年、「陸海軍人に下し賜はりたる勅諭」として発布されました。（大日本帝国には最後まで空軍がありません。）

軍人勅諭はたいへん長文であり、書いた人たちの思い入れがあらわれています。

前文と五条の条文からなり、前文では、天皇が軍を統率することが昔から当たり前のことであることを述べ、七〇〇年間の武士の世を、乱れと見ています。

弘化嘉永の頃より徳川幕府の政治が衰え、さらに外国の事も起って、無視できない勢いになってきたので再び天皇が軍隊を統率する、と説明しています。

そして、兵（臣民）に呼びかけます。語りかけるような口調で書かれています。

朕は汝ら軍人の大元帥なるぞ。朕は汝らを自分の手足のような忠実な家臣と思っている。汝らは朕を頭首と仰いでもらいたい。そうあってこそ汝らへの親しみは特に深くなる。

軍人勅諭の大筋

前文が終わり、本文に入ると五条あります。

一、軍人は忠節を尽すを本分とすへし
二、軍人は礼儀を正くすへし
三、軍人は武勇を尚ふへし（貴ぶべし）
四、軍人は信義を重んすへし
五、軍人は質素を旨とすへし

以上の五条ですが、これはタイトルだけを書いたものので、それぞれ長い文章がついています。

第一条「軍人は忠節を尽すを本分とすへし」の長い本文の最後に、軍人勅諭の核心というべき次の文言があります。

只々一途に己か本分の忠節を守り義は山岳よりも重く死は鴻毛《こうもう》よりも軽しと覚悟せよ其操《そのみさを》を破りて不覚を取り汚名を受くるなかれ。

鴻とは、ヒシクイ、ガチョウなどの鳥の別名です。「死は鴻毛より軽」いというのですから、明治国家が、国民を祖末に考えていることがわかります。

教育勅語は井上毅《いのうえこわし》　元田《もとだ》永孚《ながさね》が起草

臣民をつくる学校教育を規定する教育基本法として、教育勅語が作られました。一八九〇（明治二三）年五月、起草が始まり、一度文部省案（女子高等師範校長中村正直起草）が作られましたが、井上毅法制局長官の批判により中断し新たに井上の主導で起草されました。

井上毅は教育勅語の起草にあたり教学聖旨を書いた元田永孚と打ち合わせを重ね、九〇年一〇月に教育勅語が発布されました。

天皇のお言葉として書かれています。教育のあり方については、忠孝を基にするとしています。

皇室の祖先が、樹立した徳を、国民が実行してきた。それが日本の良いところである。教育の淵源もこの忠孝にある（現代語訳）

国民のあり方は、次のように決められました。

親に孝行をし、兄弟は親しみ合い、夫婦は相和し、友達は信じ合い、人に対してはうやうやしく、自分自身は慎み深く振る舞い、すべての人を愛し、学問をおさめ、職業に専念し、知識技能を高め、徳と才能をきわめ、進んで公共の利益のために貢献し、世の中の務めを開き、常に国の決まりを重視し、法律に従い、いったん非常事態が発生した場合は、義勇を朝廷（国家）に奉り、天地とともに永久に続く皇室の天命を助けなければならない。

建国二〇余年で憲法発布、国家、国民像が確定

明治国家は、建国から二〇余年を経た、一八八九明治二二）年に大日本帝国憲法を発布し、国家の形を整えました。

憲法第一条に、

大日本帝国ハ万世一系ノ天皇之ヲ統治ス

と定められました。

その5　創造期に、教育の遺伝子に含まれなかったもの

見過ごされた公害

明治の元勲が訪れたころには、ヨーロッパ諸国は工業化社会の栄華の影にある貧困と、公害に悩まされていましたから、元勲たちは、西洋の発展と貧困と公害を同時に目撃しているはずです。

元勲らは、貧困を含まない資本主義を意図した形跡がありますが、公害は必要悪と思っていたのでしょう。明治の教育創造は、公害を完全に無視し、殖産興業を重視しました。

勝海舟　元が間違っているから公害がでる

明治維新から二〇年余り経過して、はやくも、日本製の公害が問題になりました。

一八八八（明治二一）年、これは大日本帝国憲法発布の前年ですが、旧大阪市内に煙突のある工場の建設

を禁止する大阪府令が出されていています。

東京では、一八九〇年代から浅草の浅野セメントの降灰が社会問題化しました。

一八九一年、足尾銅山鉱毒事件について田中正造議員が国会で質問しています。

足尾銅山鉱毒事件についての勝海舟の言葉が毎日新聞（一八九七〈明治三〇〉年三月二七日）に掲載されています。

> 山を掘ることは旧幕時代からやって居たことであるが、旧幕時代は手の先でチョイチョイやって居たんだ。海へ小便したって海の水は小便にはなるまい。手の先でチョイチョイ掘っていれば毒は流れやしまい。今日は文明だそうだ。文明の大仕掛けで山を掘りながら、その他の仕掛けはこれに伴わぬ、それでは海に小便したとは違うがね。……わかったかね……もとが間違っているんだ。（『民権と憲法』岩波新書、槙原憲夫）

こういう時期に、教育が創造されていたのです。それなのに、明治政府が熱心だった修身（道徳教育）には公害はまったくとりいれられていません。

今も、学校教育は公害に鈍感です。教育創成期からの気風が残っています。

上杉鷹山の「伝国の辞」の精神も置き去り

幕藩の時代、「百姓は生かさず殺さず」だったと非難されますが、明治政府の国民観は、はるかに非情で殺伐としています。日本の伝統的な考え方ではありません。

米沢藩主上杉鷹山（一七五一生・一八二二没）は、「伝国の辞」を残しています。

ここには、「君主は国家と人民のために立っているのであって、国家と人民が君主のために存在するのではない。」と書いてあります。この考え方が、伝統的な政治思想であり君主と国民の関係の解釈でしょう。

上杉鷹山は、財政破綻した米沢藩で、数々の改革を行い、藩を建て直したことで有名な人です。五二才で隠居し、上杉治広に家督を相続する際に、藩主の心得を三条の文として伝えました。これが伝国の辞として有名です。

資料　伝国の辞

一、国家は先祖より子孫へ伝候国家にして我私すべき物にはこれ無く候

二、人民は国家に属したる人民にして我私すべき物にはこれ無く候

三、国家人民の為に立たる君にて君の為に立たる国家人民にはこれ無く候

右三条御遺念有るまじく候事

その6　学校制度の出発の頃

まず学舎制（大学の制度）が考えられた

明治政府の発足当初、政府内のいろいろなグループがそれぞれに考え、行動していましたから、教育方針はありません。

まず、高等教育の大学の設立に動きがありました。これは、「明治政府京都」の動きです。政府の学校掛である、玉松操・平田鉄胤《かねたね》・矢野玄道《はるみち》らにより、高等教育制度として「学舎制」が考案されました（一八六八（明治元）年）。

この頃、政府の学校掛（文部省はなかった）は、国学者グループで構成されていました。彼らの考える大学は、国学思想に基づく奈良時代の大学寮制度にならい、学神として皇祖天神を祭り、本教学、経世学、辞章学、方伎学、外蕃学などをおくものです。

学舎制を考える一方、大学の設立、整備を始めました。

京都において、明治元年に、学習院を復興し、皇学所・漢学所として開校し、東京では、徳川幕府の教育機関であった東京の昌平黌（昌平校とも書く）を大学に改編しました（一八六九（明治二）年）。

昌平黌は漢学の学校でしたから、孔子像がおかれていましたが、皇学のシンボルである八意志兼命《やつこころおもいかねのみこと》に変えることにし、その儀式を、朝廷から姉小路勅使を迎えて行いました（明治二年三月）。

その情景が、海後宗臣の「日本教育小史」に次のように紹介されています。

国学者平田銕胤は白髪さんさんとして衣冠を付け、大・小丞以上はいかめしく出で立ち、供え物を三盆に盛りこれをささげる時は皆白紙を以て口を覆い席上を膝行して相授受する様いと異常に見えた。

古来の漢学校もにわかに社務所のごとくになった。


なお、大・小丞とは官位です。この方向に大学が発展したら、どういうことになっただろうと思いますが、支持が得られませんでした。

政府（東京）は、一八七一（明治四）年に大学を閉鎖し、一八七七（明治一〇）年、洋学中心の東京大学を発足させました。

資料　「学制百年史」の記述

維新政府の大学創設計画は、まず京都で始められ、その後政治の中心が東京に移るとともに東京で展開された。すなわち、大学創設計画には京都におけるものと東京におけるものとの二つの流れがあり、またその構想の背後には、国学・漢学・洋学の三派の異なった思想的系譜があった。そして、三派の間に激しい対立と抗争が行なわれたが、時代の動きとともに結局洋学派が優位を占め、欧米先進国の制度を模範とした大学創設の方向が固められていった。

文部省発足　学制の頒布

「大学ヲ廃シ文部省ヲ置ク」という太政官布告により、一八七一（明治四）年に、文部省が新設されました。この翌年、一八七二（明治五）年に、明治政府東京の文部省が定めた学制が頒布されました。

起草したのは、西周《にしあまね》、津田真道、神田孝平、蓑作《みつくり》麟祥《りんしょう》、森有礼《もりありのり》らの洋学者グループでした。

学制頒布の明治五年頃には、明治国家はまだ混沌としていて、財政的にも苦しい状態であり、法律として学制を十分煮つめることができなかったようです。

学事奨励に関する被仰出書

一話で、福沢諭吉が与えた明治初期の学校教育への影響について書きました。

明治政府東京の文部省が、どのような教育を考えていたのか。その心意気は、学制頒布の前に太政官から出された「学事奨励に関する被仰出書」に読み取れます。太政官は今日でいう内閣に相当します。

被仰出書の内容は、明治政府が作ろうとしている国の仕組みや経済とそれに合致する国民のイメージを説明しています。

注目に値するのは、学校教育の存在意義が、国民それぞれの個性を伸ばすためであり、国民は学問をして立身することを求められていることです。

被仰出書の内容の概略

人が生計を立てていくときに、学がないと何もできない。だからこそ、学校を設けるのである。ここでは日常の行い、言葉使い、書き方をはじめ、士農工商の百工技芸、法律、政治、天文、医療などあらゆる生活必要知識を学べるようにしてある。人々は自分の才能に応じて学べばよい。そして、自ら身を起こし、財をなすべきである。

行政機関に対するコメント

新しい時代の学校は、人々が立身し、産業が隆昌するためのものである。国のためにするものではない。学問は武士以上のものと思っているものがいるが、士農工商婦女子すべて、村に不学の人が無いようにするべきだ。地方官僚はそのように努力せよ。

当時の文部省は　はつらつと

被仰出書の考え方にしたがうと、経済は資本主義、学問は西洋学問と割り切って考えることができ、文部省の役人は、はつらつとした雰囲気で仕事ができたと思われます。

洋書の翻訳をせっせと行い、教科書も多数制作されました。翻訳業務は、新しい社会を作り、新しい教育を創造する気迫に満ちたものだったと思われます。

資料　学事奨励に関する被仰出書

人々自ら其身を立て其産を治め其業を昌にして以て其生を遂るゆゑんのものは他なし身を脩め智を開き才芸を長ずるによるなり而て其身を脩め知を開き才芸を

長ずるは学にあらざれば能はず是れ学校の設あるゆゑんにして日用常行言語書算を初め士官農商百工技芸及び法律政治天文医療等に至る迄凡人の営むところの事学あらさるはなし人能く其才のあるところに応じ勉励して之に従事ししかして後初て生を治め産を興し業を昌にするを得べしされば学問は身を立るの財本ともいふべきものにして人たるもの誰か学ばずして可ならんや夫の道路に迷ひ飢餓に陥り家を破り身を喪の徒の如きは畢竟不学よりしてかかる過ちを生ずるなり従来学校の設ありてより年を歴ること久しといへども或は其道を得ざるよりして人其方向を誤り学問は士人以上の事とし農工商及婦女子に至っては之を度外におき学問の何物たるを弁ぜず又士人以上の稀に学ぶものも動もすれば国家の為にすと唱へ身を立るの基たるを知ずして或は詞章記誦の末に趨り空理虚談の途に陥り其論高尚に似たりといへども之を身に行ひ事に施すこと能さるもの少からず是すなはち沿襲の習弊にして文明普ねからず才芸の長せずして貧乏破産喪家の徒多きゆゑんなり是故に人たるものは学ばずんばあるべからず之を学ぶに宜しく其旨を誤るべからず之に依て今般文部省に於て学制を定め追々教則をも改正し布告に及ぶべきにつき自今以後一般の人民（華士族農工商及婦女子）必ず邑に不学の戸なく家に不学の人なからしめん事を期す人の父兄たるもの宜しく此意を体認し其愛育の情を厚くし其子弟をして必ず学に従事せしめざるべからざるものなり

高上の学に至ては其人の材能に任かすといへども幼童の子弟は男女の別なく小学に従事せしめざるものは其父兄の越度たるべき事

但従来沿襲の弊学問は士人以上の事とし国家の為にすと唱ふるを以て学費及其衣食の用に至る迄多く官に依頼し之を給するに非されば学ざる事と思ひ一生を自棄するもの少からず是皆惑へるの甚しきもの也自今以後此等の弊を改め一般の人民他事を拋ち自ら奮て必ず学に従事せしむぺき様心得べき事

右之通被御出候条地方官ニ於テ辺隅小民ニ至ル迄不漏様便宜解釈ヲ加ヘ精細申論文部省規則ニ随ヒ学問普及致候様方法ヲ設可施行事

明治五年壬申七月

太政官

その7　学制をめぐる政争

西洋式教育を非難

維新当初に復古的な教育である学舎制を考えていた国学者は、一部が明治天皇の侍補などの職をえて、天皇の信頼を得るようになっていました。この学者らが中心になって洋式文部省、洋式教育を継続的に攻撃していました。

一八七九（明治一二）年八月には明治天皇から文部卿（太政官制度下の文部省の長）へ「教学聖旨」がわたされました。教育制度の法律である学制を批判し、その教育の「知育偏重」を非難しています。

侍補という職そして元田永孚について

国学者元田永孚（一八一八～一八九一）は「天皇親政」を主張し侍補を閣議に出席させるよう主張していました。そもそも、侍補の職は、元田永孚が提唱し、一八七七（明治一〇）年に作られたものです。

大久保利通は、これを利用していましたが、岩倉具視、伊藤博文らは侍補制度に反対でした。

一八七九年の三月には、侍補から「勤倹の聖旨」が出され、これが明治政府の反感を買い、侍補制度は廃止されました。侍補制度が廃止されても、明治天皇は依然として元侍補の意見を聞いて参考にしました。

一方、明治政府の財政は逼迫し、財政悪化の打開策に閣内の意見がまとまらず、明治天皇の意向を聞いて決めなければならないことも多くなりました。

したがって、侍補勢力は、勢いをそがれることなく、一八八九年議会開催以後は、議会を足場に活動することになりました。

教学聖旨による学制批判

西南戦争が終わった翌年、一八七八（明治一一）年に、明治天皇の東北、北陸、東海道の諸地域の視察がありました。この視察のあと、国のあり方に対する明治天皇の意見が発表されたのですが、「国民が奢侈に流れ、勤倹励行の風が衰えた」ことと、「国民教育の根本に誤りがある」ことの二つの指摘がありました。

その翌年、一八七九（明治一二）年に、教学聖旨が出されたのです。文部省の資本主義・産業社会向け教育に対し、もっとも早く出された公式批判で、内容はおよそ次のようなものでした。

起草したのは侍補元田永孚です。

一、教学の要は仁義忠孝を明らかにし、知識や才芸を究め人の人たる道を全うすることにある。品行を破ったり風俗を傷つけたりするものがいる。将来仁義忠孝が忘れられ君臣父子の大義をわきまえなくなる。今後は祖宗の訓典によって仁義忠孝の道を明らかにし、道徳は孔子を範とすべきである。

二、仁義忠孝の心を人はみな持っているものであるが、幼少のうちにその脳髄に感覚させ培養しないと他の物事ばかりが耳にはいって、よくない。小学校では絵画（古今の忠臣・義士・孝子・節婦の画像や写真）を、生徒が入校した際に示して、忠孝の大義を第一に感覚させることがたいせつである。

三、農・商の子弟には、高尚な理論や外国語は有害なことがある。家業に役立つ実用的な教育を農商の学科を設けて施すべきである。

二と三は、小学校教育について述べています。

教学聖旨はその下敷きに国教樹立、政教一致の思いがありました。

伊藤博文、教育儀を上申、学制を擁護

教学聖旨に対しては、伊藤博文らが、すぐに「教育儀」を上申しました。この教育儀の作成には井上毅が関わりました。教育儀は、「政教分離」の立場に立ち、学制を擁護しているものです。

ところが、学制は必ずしも国民の支持を受けてはいませんでした。その理想である「国民がすべて学校に来る」ことは、父母負担が大きくて国民の生活を圧迫したからです。時に、学校の打ち壊しもありました。

教育儀は、社会の混乱は教育の責任ではなく、政府あげて協力すれば、学制のまま効果を発揮するといっています。しかし、教育儀は受け入れられませんでした。

教育議要旨

一、現在の社会の状況は、明治への転換の社会全体の揺れであって、教育の責任ではない。

二、現在の教育は学制以来、揺籃期である。あるものは形だけとりいれ精神を欠いているし、まして、学制の基本を壊そうとするものもいる。

三、宮中から学制を振興してもらえば、すぐに教育効果を発揮する。

四、「国教」を作って個人の道徳に介入すべきではない。

学制の解消、教育令発足

文部省は学制を発展的に解消することにして、一八七九（明治一二）年九月に、教育令をだしました。それは、学制の弊害を是正するために、中央集権的な性格を改め、地方自治に任せる部分を多くしたものです。

ところが、これが地域の財政負担を増すことになり、就学率は大きく低下しました。教育令は、発足してすぐに「自由すぎる教育」、「倹約をわすれている」、「理に走りすぎて現状にあわない」など批判されることになり、一年とすこし経った一八八〇年一二月に改正されました。

改正教育令（新教育令）のもとで漢学、国学の学者が共通理解をもつ儒教を骨格にした仁義忠孝を芯とする道徳教育（修身）を重視することになりました。

その8　学校教育の確立の頃

一八八一（明治一四）年の政変

一八八一（明治一四）年には政変が起こり、時の総理大臣大隈重信が辞任しました。彼は、自由民権運動に理解を持っていた人です。この政変を、クーデターと記述している本もあります。他の政変に比べ、大きく国の方向を変えたということです。

古風復古のまねが若者に混乱を　福沢諭吉

学校教育は、初期の文部省東京が指向していた方向とは違う方向、つまり過去の文部省京都が指向していた方向に動きました。

福沢諭吉は、国の教育が揺れるから、若者の伸びるべき芽を、変な方向に誘導している、と教育の変節を批判しています。

兎に角に明治十四五年の政変に政府が何か狼狽して古風復活の真似したるが為めに、国中の少年子弟は恰も之に欺かれ、真面目に文明主義を排斥して漢学に入門したる者多く、其時の子弟が昨今成生して大人となり、種々様々の言論を放て世教を害するのみならず、文明政府の運動を妨げて当局者を困却せしむるこそ気の毒なる次第なれ。是れぞ所謂身から出たる錆なるべし。

はやばやと教科書検定はじまる

一八八〇（明治一三）年、文部省内に、教科書取調掛が設置され、教科書の「検定」を始めました。検定の結果、以前から使われていた教科書の多くが使用禁止になりました。使用禁止となった教科書は、箕作麟祥「泰西勧善訓蒙」、名和謙次編「修身訓蒙」、福沢諭吉「通俗国権論」「通俗民権論」などなど、たくさんあります。

以前、学制のもとで文部省が発行した教科書を、教育令以後、同じ文部省が使用禁止としたのですが、その理由は「国安を妨害し風紀を紊乱するがごとき事項を掲載」、「教育上弊害ある書籍」という漠然としたものでした。

明治政府は、忠孝を儒学と結んで修身を考えたのですから、孔孟の書を基に、教科書使用の可否を判断し、使用禁止の理由を示すべきです。漠然とした理由をつけて使用禁止を命じたのは、おそらくは、議論を避けるためでしょう。

この頃から、文部省の役人は教科書を合理的に考えられなくなり、文部省から進取の気風が薄れていったのではないでしょうか。

福沢諭吉の経済学の教科書もボツに

福沢諭吉は、その時期に日本として必要なことは、西洋の経済を広く国民が知ることであり、学校教育において、西洋の経済を子弟に教え、その成長を待って国の力とするのがよいと考え、「民間経済録」などの教科書を書きましたが、検定で否定されました。

このあたりの情景を、福沢諭吉全集緒言のなかに書いています。

明治十四五年の頃なり。政府が教育に儒教主義とて不思議なることを唱え出し、文部省にては学校読本の検定と称して世上一般の著訳書等を集め、省の役人が集会して其書の可否を議定し、又は時候後れの老儒者を呼び集めて読本の編纂を嘱託するなど、恰も文明世界に古流回復の狂言を演ずる其最中に、福沢の著訳書は学校の読本として有害無益なりと認められ、唯の一部も検定に及第せざりしこそ可笑しけれ。

内閣制度初代文部大臣　森有礼

一八八五（明治一八）年、内閣制度となり、初代首相に伊藤博文が就任しました。この内閣は一八八八年まで続きます。

内閣制度下の初代文部大臣は、森有礼でした。アメリカ駐在公使の職にありましたが、伊藤博文に呼ばれ帰国しました。アメリカ駐在中、識者に問いかけて、自分の近代国家観を持ち、教育が大切なものだと考えていました。

彼は、二代目の黒田清輝内閣においても、文部大臣に留任しました。「学問と教育の分離」を基準に考え、学校制度を整備しました。師範学校の整備も含め文部大臣の四年間の在職中に大きな足跡を残しました。

森有礼は、学制の起草に関与していた時は、西洋の個人主義に傾注していましたが、文部大臣に就任した頃は、ドイツ帝国初代宰相ビスマルクに傾倒していました。

教育観は、自分で「国体主義」と名付けるもので、生徒其の人の為めにするに非ずして国家の為めにすることを始終記憶せざる可らず。

という教育観です。これは、被仰出書の考え方とはまったく違います。一方で伊藤博文の国教を作るべきではないという考えに沿っていました。

森有礼暗殺される

一八八九（明治二二）年、大日本帝国憲法が発布され、その式典に出席する時に、森文部大臣は国粋主義者によって暗殺されました。享年四三才でした。

犯人は、大臣護衛の仕込み杖によって、その場で斬殺されました。大臣暗殺の理由、暗殺実行組織などは解明されませんでした。一説に、森有礼が伊勢神宮に参拝したとき、無礼な行いであったから暗殺されたというのがあります。

彼の死の翌年、教育勅語が具体化し、「国体主義」の考え方によって整備された学校教育に、神祇崇敬思想型教育が、矛盾なく組み込まれました。

その9　明治教育の欠点は日常からの遊離

論語と経済の乖離は明治政府の策

渋沢栄一（一八四〇年～一九三一年）は、幕末の幕臣であり、明治から大正初期の大蔵官僚をへて、実業家となった人で、日本資本主義の父といわれます。第一国立銀行・王子製紙・日本郵船・東京証券取引所などの設立・経営に関わりました。彼の経営に関する考え方は、論語に基づいた道徳観をもっていて「道徳経済合一説」といわれています。

一八八六（明治一九）年、渋沢栄一のファンの会が作られました。その活動として、渋沢栄一の講演などを機関誌に発表していましたが一九一六年（大正五年）に「論語と算盤」と題して、そのまとめを出版しました。倫理と利益の両立、つまり経済を発展させても、利益を独占せず、国全体を豊かにし、かつ富を社会に還元する考え方が、論語を基に書かれています。

明治の学校教育が、渋沢栄一の「道徳経済合一説」をとりいれてもよかったかもしれません。

明治国家は、儒教とか、孔孟の教えに目配りするところまでは、渋沢と同じですが、学校教育には経済倫理をとりいれず、仁義忠孝のみとりいれました。

「宗教的情操の涵養を育てる」ことが大切

昭和初期まで教育改革を重ねるたびに、観念的、精神主義的な学校教育のあり方が強化されました。宗教的情操の涵養（人間を超えた大いなるものへの畏敬の念を育てること）が、学校教育の主な基礎の一つに置かれていたのです。

高橋哲哉の「教育と国家」（講談社新書二〇〇四年）には、「畏敬の念」を説明する一文が紹介されています。

一九三六（昭和一一）年、神奈川県教育会の懸賞論文に応募し、一等に当選した横浜市浦島小学校訓導の文です。

> ある偉大なるものの力―（神仏）に怖れ、深く心霊の奥を叩いて、自己以上の神霊と感応し、かたじけなさに涙こぼるるの情にむせぶ深められた感情である。

日常生活の知恵を学ぶのは勉強ではない

明治中期以降、教育内容は次の五つの流れが協力して整備されたと考えます。

一、仁義忠孝を皇室の祖先の教えに沿って
二、孔子・孟子の教えによって
三、産業立国のための科学・技術を西洋からの輸入によって
四、政教一致の政治によって
五、学校教育は、国体主義で整備し、国家のために国民を育てる

五つの流れはいずれも国民の日常生活を見ていません。教育は、日常生活から遊離することがあたりまえであるという学校教育システムが構築されました。

こどもたちが知識、技能などを日常の生活で得て

も、明治国家には意味の無いことであり、学校教育の成果には含まれません。「勉強」は、明治に使われるようになった言葉ですが、根底に「学校教育で教えられることを学ぶ」意味を持ちます。

明治の庶民は、親から子に伝える知識、技能が大事だったので、現実を見ない内容で構成された学校教育は、必要性がなかったでしょう。庶民は、明治政府の強い圧力があるので、こどもを学校に通わせるけれども、一方で無駄をしている気持ちが強く、学校教育を迷惑に思っていたでしょう。

「勉強」から「学ぶ」学校へ

今日、親は、子どもに伝えるべきものを持たなくなりました。高度経済成長によって、親の生業が根こそぎ掘り返された結果だとおもいます。その反動として、親は学校教育に、進学、就職の助けを求めています。学校教育はその部分で、親の信頼を受け止めておればよいとしています。だから、「明治」の教育スタイルである「勉強」が、進学のため、就職のための「勉強」になって、今日の学校教育のスタイルに受け継がれています。

しかし、日本国で優秀な人材を育てるために、学校教育は「勉強」スタイルを卒業し、「江戸」の学問のように「学ぶ」スタイルをシステムに取り入れるべきです。

第4話

明治国家の学校教育と受け入れる側の社会

その1　明治政府は受け入れ社会の学問不信を払底しようとしていた

学校教育の立ち上げ時の学問不信への対応

明治政府の作った学校教育は、社会にすんなりとは受け入れられませんでした。そのわけは、

一、庶民にとって、学校教育の必要性がなかった。教育内容が、政府の思惑に左右され、教育を受ける側の要求とは違った。

二、学校教育は、受益者負担であったので、生活を脅かした。

三、幕末の学問の退廃。

などと考えます。

明治政府が学校教育を始めるにあたり、国民に呼びかけた「学事奨励に関する被仰出書」（明治五年）の内容を見ると、出発点では、

個人の役にたつ学問のための教育
個人の力量をあげるための教育

をめざした学校制度をつくろう、という姿勢でした。しかし、同じ被仰出書で、「学問が役に立たない」という世評に気を使っている記述があります。

学問は武士以上が学ぶものだ。武士以外にも学ぶものがまれにいるけれど、自らの身を立てるために学ぶことを忘れ、国家を論じ、語句を暗唱するだけの「理論」に走りすぎて、実際にことを行う能力がつかないものがいる、昔からの悪い伝統である。学問をするものの貧乏、破産、家を倒すものが多いのはこのためだ。

明治政府は、国民に学校教育を受け入れてもらうために、経済的自立のために学問が必要である、と言う一方で、「ただし、理屈に走りすぎず、うまく学ぶと役に立つのだ」といわざるを得ないのです。

政府は科学・技術と実業の一致をはかり、産業を育成するための学校教育を意図した

明治政府は、学制頒布から約二〇年、一八九三（明治二六）年、実業教育に関する最初の規定として実業補習学校規程を公布しました。

この時の文部大臣は井上毅で、彼は、学校教育、とりわけ実業教育の充実に努力しました。

同規程公布後、井上毅は、職員に訓令を出しましたが、学校制度を充実させるためのポイントとして、四つをあげています。

一、現状をみると、教育で科学的能力をつけているが、普及速度が遅い。社会は科学の受け入れに遅れている。

二、職場の改革が必要。昔からの方法で生産を行っている。せっかく教育しても、働く職場は旧式である。

三、教育のあり方。早く、科学技術が事業に結びつけられるように教育内容を考えなければならない。普通教育でも実業に必要な知識技能をつけるように改革しなければならない。

四、科学・技術と実業の一致が必要。

この訓令を見ると、高等教育機関の問題点があげられているように見えますが、実業補修学校の教育は小学校での補修教育で、対象は徒弟、職人です。

井上文相は、産業の発展に、その第一線で働く人のレベルアップが欠かせないという現状認識を持っていて、「科学・技術と実業を一致させる」というのです。

井上毅がこの訓令をしている頃、一方では、明治政府が、「時候後れの老儒者を呼び集めて読本の編纂を嘱託する（福沢諭吉）」ことを行い、井上の訓示と食い違いができています。

資料　井上馨訓令内容

最近世界各国の富力は、年一年倍加して止まらない勢いである。これは、おもうに科学が盛んになり、その発明の応用を実業に及ぼし、最大の技術を尽くして、百倍の生産を可能にしているからにほかならな

い。我が国は、まさに文明の進歩をしているけれども、この科学的能力は、まだ普通人民に浸透せず、教育と労働とは、はっきり別物の世界になっている。農工諸般の事業は、その大部分において旧習に沈殿してしまっている。この時期、国家将来の富力をつけようとすれば、国民の若者たちに科学技術と実業とを一致配合した内容の教育を施さねばならない。ことに、普通教育補習の教育過程において、実業に必須なる知識技能を教えるように、改革しなければならない。このことはすでに、世論の認める所であり、まさに自然とその改革を実現する時期に遭遇したのである。

会社はなぜ学校出が必要だったか

明治初期、中学校卒業以上の人を「学校出」といいました。後には、大学卒程度を指す言葉になります。これに対し、丁稚から商売を覚えた人を、「たたき上げ」といいました。

政府の学校出が必要な理由はわかります。大学では「大将を拵える」

中等教育では「下士官伍長を拵える」ことをもくろんでいて、大学などから優秀な人材を「大将」、「下士官」として政府・行政機関に迎えました。当時の身分制度からみると、画期的な人材登用ができました。

では、民間の会社は、なぜ学校出を採用したのでしょうか。竹内洋京都大学教授の「立身出世と日本人」（NHK人間大学、一九九六年発行）に企業が学校出を採用した理由が二つ紹介されています。

一つは、レッテル。つまり〇〇大学卒業というレッテルを採用することによって会社の格が上がることを期待したのです。

今一つは、官の給料が高く、民の給料が低くては、民が下に見られるので、学校出を高い給料で雇うことによって民間の格を上げたのだそうです。

この二つはともに会社の体裁の問題で、学校出の学力を必要としていません。伝統的な仕事の方法がある業種では、たたき上げの社員でこなせたので、学校出の必要がありません。政府、行政機関とはかなりおもむきが違います。

日本は早くから商品経済が発達し、徳川の時代に為替・先物取引すら行われていました。銀行や百貨店などは、明治になって出来たものですが、同様の仕事は江戸時代に存在しました。

こういう状況でしたから、民間企業に採用された学校出の社員は、学校で学んだ知識を生かせない、という不満を持ちました。

白木屋の場合

伝統的な職場における、学校出とたたき上げの確執の例が、「立身出世と日本人」に書いてあります。

一九〇八年、白木屋百貨店が舞台です。おりからの不況で白木屋は多額の負債と欠損を抱えました。店の構造改革のために、経営中枢を学校出に任せようとしました。総務部長を学士に、営業部長を専門の学識を得たものに、スペシャリストは中学校（旧制）以上の学歴のあるものに与える計画です。

これに、たたき上げの店員が反発し、普段通り接客しているけれど、なんだかんだと言いながら結局ものを売らないというサボタージュで対抗しました。

それで、改革案はつぶれました。結局、学校出は退社して、白木屋は当面たたき上げで運営されました。しかし、後日談があって、白木屋は一年後に学校出で仕事をするシステムになっています。

学校出とＭＢＡの処遇が似ている

ＭＢＡは、ビジネスの専門家を養成するビジネススクールにおいて与えられる修士号です。アメリカ発祥です。欧米においては、この資格を取ると、会社の中枢として待遇されます。隣の、韓国、中国においては、ＭＢＡが相応に認められています。ところが、日本ではほとんど認められていません。

明治の「学校出」と今日のＭＢＡは立ち位置が似ています。

二〇〇四年に創設された法科大学院は、法曹の質を維持しながら、法曹人口が拡大できることを目的としています。この制度も順調ではありません。

「伝統的」に、社会と学校制度がうまく整合しないところに、日本の社会と学校制度両者の反省ポイントがあると思います。

電気産業の場合

工業の電気部門は、全くの新興の分野です。日本で新興分野であっただけでなく世界でも新興でした。最先端のアメリカの電気事業と比べても、日本の電気事業は五年と遅れていないのです。

新興の分野では、日本伝統の仕事の方法がないので、白木屋の仕事とは違う展開になります。

藤岡市助《ふじおかいちすけ》（一八五七～一九一八、山口県岩国市出身）は、一七歳で工部大学校（後の東京大学工学部）の一期生として入学しました。

一八七八（明治一一）年三月二五日（電気記念日）、日本で初めての電灯が点灯したとき、学生として点灯実験に参加し、以後、電灯事業を起こすことを周りに説得し続けました。

一八八六年、東京電灯（後の東京電力）の開業時に、初代の技師長（副社長）となり、以後一生を電灯事業に尽くしました。

彼は、大学卒業前から、「青臭い理論」で、電灯の将来性を説き、投資家の理解を得て、ついには東京電力を立ち上げる事ができたのです。「たたき上げ」の存在しないところで、学校出の力を十分に発揮した例になります。

生産的な分野では、学校出が持つ理論と、江戸時代からの伝統技術を持つ職人との共同作業で、話し合いで解決し、「江戸」の技能を基礎に、素早く明治の科学技術を接ぎ木して発展したといえます。

その2　東京ブランドの確立

明治政府は学問の「東京ブランド」を確立

学校教育と社会が、ギクシャクする一方で、明治政府は、東京ブランドを作って学問の信用を得ようとしています。東京に首都を置くと決めると、東京大学を手元に作り、正式の学問の取り入れ口とし、政府が「一手販売」する事により、学問の「東京ブランド」を確立しました。東京大学を学問の頂上におき、そこからの距離で、学問評価を決める仕掛けです。

それが、学校のランクに持ち込まれ、大きく分類すると、官立の学校が、私立の学校より上位になります。官立の中にも、「東京」からの距離によってランクがあります。

東京ブランドの上に西洋ブランド

「東京ブランド」は、一本立ちではなく、「西洋の権威」を借りています。

上田万年（萬年、かずとし、まんねん）は、一八六七年江戸生まれ、尾張藩士の家系です。東京帝国大学和文科でチャンブレンに言語学を学びました。明治政府は、上田万年に、文明開化後の日本語のあり方を研究させるために、一八九〇年に国費でドイツに留学させました。九四年に帰国した上田は、東京帝国大学文科大学博語学講座教授に就任し、国語学の元祖となりました。

国語学ですら、西洋・東京ブランドの枠内で、整備されて行ったことがわかります。

西洋に定説がなかった脚気論争の場合

西洋に定説があれば、東京ブランドが有効に働きますが、無いときは無力です。

西洋医学が脚気の原因を突き止めていなかった明治中期に、日本で脚気論争が起こりました。これは、日本初の医学論争といわれています。この論争には、いろんなことが絡み合っています。東京ブランドそのものを守るため、東京大学とその他の反目、大日本帝国陸軍と海軍の反目などです。

当時、西洋医学は細菌を次々に発見していましたので、東京ブランドは、脚気の原因は細菌であるとしていました。ドイツ医学の流れである東京大学医学部卒業の森林太郎（鷗外、陸軍軍医の高官）は、この学説をとっていました。

一方、海軍軍医高木兼寛（慈恵大学創始者）は、イギリス医学を学び、当然細菌説の存在は知っていましたが、脚気の原因を軍隊の食事ではないかと考えました。高木兼寛は、二年間にわたり、軍艦の遠洋演習航海を利用して、食事をかえて病気発生率の差を比較する実験をしました。一八八四（明治一九）年のことです。

一年目は主食を白米（当時の軍隊の通常の食事）とし、他の年には麦入りの飯としました。白米の航海時には、乗務員の半数が脚気になり、死者まで出ましたが、麦飯の年は一人の脚気患者もでませんでした。

これで、食事説が裏付けられましたが、高木は、タンパク説で理論付けをしたために、学術的には不完全でした。

一九〇六（明治三九）年に、オランダのエイクマン（一九二九年、ノーベル医学生理学賞受賞）が脚気の原因についてビタミン学説をたてました。

現在もこれが定説になっています。

日清・日露戦争で脚気の病死者数が戦死者数を上回った

脚気は、陸・海軍において設立以来の厄介な病気で、その対策のために、原因を特定することが急がれていました。特に海軍では、航海中に必ず脚気患者が出て、死者も出るので、陸軍以上にこの解決に悩んでいました。

海軍は、軍医高木兼寛の食事説を取り入れたために、脚気を克服できましたが、陸軍は、細菌説に固執し、日清・日露戦争において、戦死者を上回る脚気の病死者を出しています。

「脚気論争」のこぼればなし

海軍・英国医学と陸軍・東京大学・ドイツ医学とは事あるごとに対立し、後者は細菌説に固執しましたので、高木説は、「海軍軍医部での正しい説」にとどまりました。

一九一五年（大正四年）、海軍省医務局長に、高木兼寛の出身地薩摩の閥でなく、東京大学医学部を卒業した医学博士本多忠夫が就任しました。

以後海軍の脚気患者が再び増えはじめ、太平洋戦争が終わるまで続きました。

次に、軍隊の外での話ですが、東京大学医学部を卒業した北里柴三郎は、留学先のドイツで「脚気病原菌説」を誤りであるとしました。

北里の恩師、緒方正規の説を否定したことになり、日本では、恩を仇で返したとされました。その「報復」かも知れませんが、東京大学と文部省が、北里の伝染病研究所設立構想に反対し、実現を阻みました。

北里の構想を、福沢諭吉が引き受け、私財を投じて大日本私立衛生会伝染病研究所（伝研）を自分の所有していた土地につくり、北里柴三郎を所長に招きました。

学問の実力をもつ大坂も二流にランク

東京ブランド確立と同時に、懐徳堂・適塾などが伝えている日本の伝統の科学は正式ではない「二流」となりました。維新前後、大坂の学問は高い水準にあり、江戸の学問をしのいでいました。

福沢諭吉の「福翁自伝」に、大坂の学問の程度が書かれています。

> ただいま申したような次第で、緒方の書生は学問上の事についてはちょいとも怠ったことはない。その時の有様を申せば、江戸にいた書生が折ふし大坂に来て学ぶ者はあったけれども、大坂からわざわざ江戸に学びに行くというものはない。行けばすなわち教えるという方であった。

福沢は声がかかったので江戸に出ますが、江戸の学者にいろいろ質問してその学識を測り、あまりたいしたことはない、自分は十分江戸でやっていけるという結論を出しています。

一八六九（明治二）年に、明治政府は、大坂に、舎密局《せいみきょく》を作りました。舎密とは、化学を意味します。これは素直に、大坂の学問の実力を反映していたのです。そのまま、事態が動けば、日本最初の大学が大坂に作られたでしょう。

しかし、大阪に大阪帝国大学が作られたのは、一九三一（昭和一六）年でした。地元財界の求めに応じたもので、東京大学（後東京帝国大学）の創立一八七七年から、五五年が経過しています。九校あった帝国大学の八番目でした。

舎密局は、京都に移され、第三高等学校、京都帝国大学（一八九七年創立、日本二番目の国立大学）へとつながりました。

大学は「実学」で「東大」に対抗

東京大学が明治政府に守られ、いやが上にも名声が高まる一方で、他の高等教育機関は、二番目以後の序列に甘んじなければなりません。

この押し付けられたマイナスをかわすために、「実」学にセールスポイントを見いだしています。実という字は、本当とか真実の意味も持ちます。

一九一一（明治四四）年旧制小樽高等商業専門学校が発足しました。

初代渡辺竜聖校長は、実務教育中心主義を打ち出し、

> 大学と専門学校とはともに国家の教育機関として最高学府である。ただし大学は理論を主として応用に兼ね及ぶ最高学府、高等専門学校は応用を主として理論に兼ね及ぶ最高学府である。だから、どちらが上ということはない。

と説いています。小樽高商は、現在国立小樽商科大学になっています。

大学令が一九一八年に制定され、私立大学が認められるようになりました。

私立関西大学は一九二二年（大正一一年）に旧制大学へ昇格しましたが、当時の総理事兼学長山岡順太郎は、新しい大学の指導理念として「学の実化」を唱導しました。その内容は「学理と実際との調和」「国際的精神の涵養」「外国語学習の必要」「体育奨励」の四点でした。学理と実際の調和、「実学」をセールスポイントにしています。

一橋大学は現在国立大学ですが、はじまりは一八七五（明治六年）、森有礼によって創設された商法講習所です。一九二一年に一橋大学になりました。二〇〇五年の受験生向け大学紹介には

> 創設当初から、実学に根ざし、かつ商学、経済学、法学、哲学、歴史学といった学問の基礎を重視する学風は、社会科学の殿堂として、日本のみならず世界でも注目されております。

と書かれています。ここには、実業的能力を説き、次に、理論が高い水準にあるとして、実学の紹介を優先しています。

いずれの大学も、建学の意義として「学生をうまく指導して、現実の社会で理論の力を発揮させる」と宣言していたのです。その意欲が、実務・実化・実学など、「実」の字に託されています。やんわりと、明治政府が作り出した正式な学問を批判しているともいえます。

実際の職場で、文部省の作る高等教育機関の教育内容は役に立たないという世評に配慮している風でもあります。

学問を志す人は今日でも心のどこかで「東京ブランド」にこだわっています。

宮大工西岡常一の話
学者を社会的に一番偉くした明治政府

「東京ブランド・正式学問」は、さらに社会的にも影響を広げました。

法隆寺宮大工の棟梁・西岡常一（一九〇八（明治四一）年～九五（平成七）年）、は、何代も続いた法隆寺の宮大工の頭領の家系に生まれました。法隆寺金堂の復元や法輪寺三重塔、薬師寺金堂、同西塔などの再建を、棟梁として手掛けました。

彼は次のように書いています。

おじいさんがいつも言っていました。昔は学者よりも職人が上やった。明治以来、西洋の学問が入ってきて、考え方が西洋式になってしまってから学者が上になってしまった。実際に仕事をする職人が下に見られるようになった、おかしなことや、せやから職人も学問して、しっかりやらないかんと言うてました。

（木のいのち木のこころ　新潮文庫　西岡常一、小川三夫、塩野米松）

おじいさんの「昔は学者より職人が上やった」いう話で、江戸時代には「実学」が尊重されていたことがわかります。

本からの知識で武装した学者を、実際の知識を持つものより重視したのは、和魂洋才を主張する明治政府でした。

宮大工西岡常一の話
体験や経験を信じない学者

もう一度宮大工棟梁西岡常一の言葉を引用します。これは、法隆寺金堂の復元その他の工事に際して、西洋建築学者で法隆寺の修理のチームが組まれます。そのチームの中での経験談です。

学者があって建造物があるのやなくて、建造物があって初めて学問がありますのや、飛鳥様式だとか、白鳳様式だとかいいますが、それは後からついてきたものですわ。何でも計算や形に当てはめて考えるから物事が逆さまになりますのや。

会議で仕事が進められますが、西岡は学者の空論に対する説得に多大な努力が必要だったとも書いていています。学者の説が合理的に否定されても、学者はあやまることもないとも書いています。

学者は体験や経験を信じないんですな。本に書かれていることや論文の方を、目の前にあるものより大事にするのですな。学者たちと長くつきあいましたが、感心せん世界やと思いましたな。

と書いています。今日でも、学者は「漢籍を読む学問」から離れていません。高等学校教育において実業教育が衰退していることや、学校教育全般における技能の教育のすわりの悪さは、大工より学者を偉くした明治政府の仕掛けの結果に違いありません

「町人学者」の科学へ

将来の学問を考える時に、給料をもらわない「町人学者」の働きに注目したいと思います。

〇八年末に、世界的な不況を理由に、契約社員、派遣社員などをはじめとして、多数の人員整理が行われました。多くの人が、失職と同時に住む家まで無くすことになりました。

このとき、東京に「年越し派遣村」が作られ、困っ

ていた人たちの救済にあたりました。派遣村の中心になった湯浅誠に、私は「町人学者」のイメージをもっています。

湯浅誠は、東京大学大学院を修了して、九五年からホームレス支援を始めます。自分たちで立ち上げた「自立生活支援センター」の事務局長ですが、これは無給であり、アルバイトなどで生活しながら、支援活動を続けました。活動は多面であり、多面な活動にあわせて様々な団体を立ち上げています。

湯浅誠は、〇八年に岩波新書から、「反貧困」を出版しています。他にも、講演、著作があります。これらは、社会的な活動が認められた後のことであり、はじめはまず活動したのです。

アカデミックな学問の形（正式な学問の形）は、その学会での論文の発表を重視しているのに対し、「町人学者」の活動は、社会に直接働きかけるのです。

閉鎖的な学会に論文を書くだけでない学問、市民に直接語りかける学問が市民権を得る時代がすぐそこに来ているように思うのです。というよりも、東京ブランドが秀でているという思い込みを取り去るだけで、新しい時代になるかも知れません。

国民は、十二分に学識経験を蓄えていますから、どの人も「町人学者」としてすばらしい成果を上げる可能性があります。

「町人学者」の手による科学は、日本製の科学になり、権威付けを排し、個人の能力を尊重し、身近なことに目を配り、環境問題解決に正面から挑むことができる可能性があります。

町人科学が大きくなれば、教育はペーパーテストによる頭脳訓練にとどまらず、全人格的な教育を目指すようになると期待します。

あるいは、ペーパーテストまたはすべての形のテストを廃止する可能性もあります。そうなると、教育内容は人の技能を、今より重視するようになるでしょう。

第5話

師範学校と教師像と

その1　師範学校

師範学校について

東京に師範学校が作られたのは、一八七二（明治五）年です。以後各地に師範学校ができますが、国立で作られたり、それが後に府県に移管されたり、もともと府県で作られたり、多様でした。

森有礼が、文部大臣であった四年間に師範学校を整備しました。

彼の学校教育に関する考え方は、学問と教育を分離し、教育分野では「護国ノ精神、忠武恭順ノ風」を国民にうえつけるためにするものと考えました。

「天皇の治世の長く続く日本は、一度も外国の支配を受けたことがない。今後も西洋の植民地支配を受けないために、軍事的に強くならなければならない」という信念を持っていました。

森有礼が文部大臣になった翌年（一八八六年）に師範学校令が出されましたが、その第一条には

師範学校ハ教員トナルヘキモノヲ養成スル所トス。但生徒ヲシテ順良信愛威重ノ気質ヲ備ヘシムルコトニ注目スヘキモノトス。

と書かれています。

師範学校は全寮制・完全給食制で生徒の生活は軍隊式でした。兵式体操も導入されました。

師範学校に進学すると徴兵を免除されるので、そのかわりに軍隊式学校生活にしたということです。

当初から富国強兵を担う教師をこの師範学校で育てることを意図していました。

師範学校入学者は、設立当初は士族出身者が多く、次第に、地元の地主の子弟となりました。地主などの子弟は、中学校へ進学するものより、師範学校に進学するものが多かったのです。

師範学校をでた教師は、もともと地元で指導的な立場にある家の子弟なのですから、村長さえ「三尺去って師の影を踏まず」という勢いでした。

初期の師範学校の卒業生は、こういう権勢を持

ち、自らが教えられた「順良信愛威重ノ気質ヲ備ヘシムルコト」を常に頭に置き、児童生徒を訓育しました。

この教育者の雰囲気は、師範学校がなくなっても、長く維持されました。

師範学校教育が作った学校教育のイメージ

明治国家が過去のものとなり、師範学校が無くなって六〇年以上経っても、学校教育には、色濃く師範学校の痕跡が残っています。

師範学校が作り出した学校教育のイメージは、教育関係者の常識のようになっていますから、それを引きはがして、学校教育をイメージするのは、むつかしくなっています。

現在の学校教育のよい点は師範学校教育の成果を引き継いでいるのですが、同時に欠陥もまた、引き継いでいます。

師範学校型教育は多様な価値観を想定していない

私は、高等学校までに多くの師範学校出身の先生にお世話になりました。私は、今でもその先生がたを聖職者的なイメージをもって尊敬しています。

しかし、教師養成制度として見ると、師範学校制度はよくなかったと思います。

師範学校は、明治政府の範を伝えるための学校です。多様な価値観を子どもの前に提示し、考えるという姿勢を持ちません（「範」には仏の教えという意味もあり、「正しいこと」を意味します。）。

仏の教えを、固定されたものと考え、価値観を一つにするのは、学校教育内容を考える際、有害なことです。

師範学校教育の意外な弱点、理科教育

理科教育は、現在の学校教育のアキレス腱になっています。

一九九四年に、理科教育分野での声明、提言が相次いで出されました。学生・生徒・児童の理科離れが目立つことなど、理科教育関係者には、せっぱつまった思いがあり、新指導要領の改訂にあわせたものです。

指導要領が改訂されるたびに、中学や高校の理科や

数学の授業時間が減らされました。それにともない、理科、数学の教員採用も減っていました。

声明は、理科教育の環境の改善を訴えたもので、一見してたいへん初歩的なことを声明しています。

しかし理科離れは止まらず、関係者の努力は続いています。二〇〇四年日本物理学会誌（Vol.59 No.7）に鈴木康夫（二〇〇五年世界物理年委員会委員　拓殖大工）は、次のように書いています。

日本の理数系七学会は、

「初等・中等教育における算数・数学、理科の授業が生き生きしたものであるためには、小学校教育を担う教師が十分な自然科学の素養を持ち、中学・高校教師が十分な専門知識を持たなければならない。しかしながら、大学への受験指導に際して、小学校教員養成系学部は文科系と位置づけられており、数学や理科の十分な習得は要求されていない。さらに、今般の教育職員免許法の改定により、『教科指導』の必要単位数は半減した。新任教師が、各専門教科の知識が不十分なまま教育現場に赴かざるを得ない事態の生じることを危惧する。教員養成課程における数学・理科教育の充実と教師の再研修制度の積極的な活用を」

と訴えています。

師範学校がなくなり、教員を養成する新制大学（学芸大学や教育大学）は、師範学校を母体としてつくられましたが、その小学校教員養成学部が文科系と位置づけられたことで、師範学校および小学校教員養成が世間からどう見られていたかが推し量れます。

明治以来、日本は「殖産興業」をモットーにして教育の整備をはかってきたのですから、科学、理科は学校教育の根幹だと思いますが、「理科系に弱い」小学校教員養成の性質は、師範学校の教育からの遺伝とも考えられます。

資料　各声明要旨

日本物理学会、応用物理学会、日本理科教育学会の連名の声明「理科教育の再生を訴える」

一九九三年四月

一、大幅に縮小した小・中・高校の理科の授業時間の

回復を

二、小学校低学年における理科の復活を
三、実験・観察を十分に行える環境の整備を
四、高校までの全ての生徒に国民的素養としての物理を含む科学教育を
五、科学を正しく理解し、広い視野とすぐれた判断力を持った小・中学校の教員の養成を

日本数学会の声明「数学教育の危機を訴える」

一九九四年六月

数学教育の関係四学会、日本数学会の飯高茂理事長、日本数学教育学会植竹恒男会長、日本応用数理学会藤田宏会長、数学教育学会横地清会長の学習院大学でのシンポジュウムで共同声明

一、学校教育特に中学校における数学の十分な授業時間の確保
二、ゆとりある、楽しい数学教育ですべての生徒に十分な数学的リテラシーを
三、小中高一貫した体系的カリキュラムの検討
四、主体的学習による楽しい数学教育
五、生きた数学的センスを十分に備えた教員の養成・採用
六、大学における数学の重視と改善

日本化学会の声明「次世代に向けての化学教育の課題　―危機に立つ理科教育―」

一九九四年九月

児童や生徒の理科、化学離れを憂慮し、次代を背負う児童・生徒にたいして、理科教育を充実し、自然化学、科学技術分野の後継者養成を積極的に行うとともに、誰にも親しめる理科を推進して、科学への関心と信頼を高めることが何より重要である。

一、初等・中等教育における理科の授業時間の確保
二、教員採用試験の科目に理科実験を
三、理科教育・化学教育を充実させるための環境整備
四、大学受験における理科の重視を
五、学習指導要領の作成には広く専門家の意見を

（参考）世界物理関係学会五会長の声明「物理教育に

ついて」
一九九四年六月
世界の物理関係学会五会長、日本物理学会の小林徹郎、応用物理学会南茂夫会長、アメリカ物理学会B・リヒター会長、アジア太平洋物理学会連合会C・N・ヤン会長、ヨーロッパ物理学会のN・クロー会長らの共同声明「物理教育について」
一般市民が現代社会を理解し、科学や技術に関する問題について、より十分な知識に基づいた判断をするためには、科学に関する基本的な理解を持つことが重要。児童・生徒のすべてが、他の理科の教科や数学とともに物理を含む基礎教育を受けるべきであると確信している。

その2　新しい教師像をもとめて

師範学校を引き継いだ大学の環境の変化などで、教師像は変化している

教師批判は、半世紀も前からいろいろな形で行われてきました。

太平洋戦争終了直後は、戦争遂行に協力していた教師が、急に民主主義を唱える変節について批判がありました。

以後、日教組横暴、デモシカ教師（教師にデモなろう、教師にシカなれない）、偏向教師、働かない教師、時間にルーズな教師、不適格教師、そして近年の改革路線における公務員批判にともなう教師批判と続いています。

私が、現役教師としてその批判を受ける立場にあった時から、マスコミなどの報道する教師批判は、的を射ていないと感じていました。今見ても、それらの批判が教育力を高めるポイントではないと思います。

それはともかく、実際の教師の姿は変化しています。二〇世紀中の教師像の変化の原因は、学校の増設、削減の波がいくつかあったことです。戦後のベビーブーム、および第二次ベビーブームを受け入れるための小、中、高等学校増設、それに続く少子化による学級減が、教師採用に影響を与えました。

学級増の時期には、教師は、教育系大学以外からも

多く採用され、教師集団の中で師範学校の影響が薄められました。

学級減の時期には、学芸大学、教育大学の卒業生が、教育現場に就職できない状態になり、教師養成コースの縮小や、学部の内容の変更が行われ、教師養成機関が少し性質を変えました。これらはいずれも、師範学校の伝統を失わせる方向です。

二一世紀に入ってからは、教育予算の伸び悩みから、正規雇用が少ないことを原因とする教師像の変化が加わりました。師範学校型教師のイメージは、近い将来、完全になくなります。私は、この変化が功罪半ばすると思います。

教育現場に、ずるずると非正規雇用の学校教師が増えています。「いい教師で、いい学校教育を」と考える平和なレベルではなく、学校教育の根底を崩してしまう、危機的状態を目の前にしています。

「米百俵*」の話を思い出さなければなりません。財政危機のために教育が安直になることは避けるべきです。

持続可能な社会のための教育に適した新しい教師像と新しい学校教育像が早急に創造されなければなりません。

*「米百俵」　北越戊辰戦争で焦土と化した長岡藩（今の新潟県）に、支藩の三根山藩から見舞いの米が百俵送られてきました。長岡藩大参事小林虎三郎は「食えないからこそ、教育をするのだ、学校をつくるのだ」と米を売って、学校を建てました。

モンスターペアレントと新しい学校

最近「モンスターペアレント」がマスコミの話題になります。二〇一一年には、教師がモンスターペアレントを訴訟しています。それほど、一部では深刻な問題になっています。

ここでは、モンスターペアレント問題を、「組織と個人の意見交換の方法」の側面から考えてみます。

一九九九年に「東芝のクレーマー事件」がありました。

東芝のビデオを購入した人が、製品の点検・修理を依頼し、手違いが生じたのが発端です。この人はクレームをつけたのですが、話がこじれ、その経緯や電話応答をインターネットに公開しました。

「お宅さんみたいのはね、お客さんじゃないんですよ、もう。クレーマーっちゅうのお宅さんはね。クレーマーっちゅうの」。

この東芝の人の言葉の録音が繰り返しテレビなどで流れ、クレーマーという言葉がはやりました。

当時のインターネットは、現在とは比べものにならない不便なものでしたが、それにもかかわらずアクセス数が一千万を越えたため、マスコミが報道し、さらに多くに人にひろまって、社会現象になりました。

これが大事件になったのは、個人が泣き寝入りしなくてもいい時代になったことに対する驚きがあったからです。「クレーマーっちゅうの」のセリフが有名になったのは、聞いた人はみんな、会社人間としての立場も、クレームを付けた人の気持ちも理解できました。

当時、組織は、個人からの意見、要求、苦情を親身に聞き取るシステムをもっていませんでした。

組織の担当者は、組織の決まりを優先して、個人のクレームに対して、ガスを抜き、丸める方法が普通でした。

この事件以後、会社ではクレーム処理のシステムを作っています。行政職職員や、警察官も市民との適切な対応を迫られています。

学校は、親の要求を聞き取るシステムの構築が遅れているので、まじめな要求をしている親が、いつのまにか悪質なクレーマーにされたり、「モンスターペアレント」にされたりする可能性があります。

日々教育にたずさわっているものは、明治以来の常識をなかなか疑えません。

学校が親と、うまく会話ができるようになる過程で、新しい学校、新しい教師の形が生まれるでしょう。

第6話

実業教育（教育内容の創造）

私はほぼ四〇年間大阪の府立工業高等学校の教師をしていて、その間ずっと工業教育内容に疑問を持っていました。

あれこれ考えているうちに、工業だけでなく、普通高等学校の教育内容にも疑問があると考えるようになりました。

以下、実業教育の歴史を追いますが、それ以上に、手を広げる力がなかったのと、実業教育を見れば、その他の高等学校教育も見えてくるという思いがあったからです。

その1　実業学校の盛衰

幕末から始まる実業教育
長崎海軍伝習所

実業教育は意外に早く行われていました。一八五五年、幕府によって、長崎海軍伝習所が作られました。これは、オランダ海軍士官ファビウス中佐の進言により、海軍兵学校設立の準備として作られた「学校」で、西洋式の軍艦の西洋流の航海技術の伝習、海戦の伝習を目的としていました。

学習の期間は一六ヶ月から一八ヶ月でした。教授内容には、鍛冶、工作、旋盤、数学、物理学、解剖学、蒸気理論などが含まれ、これらが実業教育に相当します。他に国際法なども学んでいました。

勝海舟、中島三郎助、榎本武揚などが長崎海軍伝習所に学んでいます。中島は、ペリーの艦船が浦賀沖にやってきたとき、第一にその交渉に当たった与力です。

修技黌など文部省管轄外の学校

明治四年、廃藩置県が行われ、藩校は無くなりました。翌年に学制が頒布され、文部省が、学校教育において「全国征服」を果たしました。

しかし、これ以後も文部省の管理の及ばない省立の実業学校がつくられていました。一八七一（明治四）年ごろから、工部省の各局各寮に修技黌（こう、校）、または伝習所という名前の技術を教える機関が作られています。

明治政府は、どこまで深く考えたのかわかりませんが、学校は全て文部省で掌握するものとして、一八八四（明治一七）年に法改正をしました。文部科学省は、この年を産業教育（当時、実業教育。用語について章末に書きます）の始まりとしています。

文部科学省は「産業教育八十年史」「産業教育九十年史」を編纂していますが、年を数える起点は、一八八四年です。学校教育の起点は、学制の頒布（一八七二年）です。

資料　各省の管理する「実業学校」

工部省の管理する「実業学校」

燈台局内に　修技黌舎

電信局内に　修技教場

製鉄寮（役所）に　黌舎

内務省の管理する「実業学校」

内務省勧業寮内に女子伝習所

高等な「実業学校」

一八七二年（明治五年）　開拓使仮学校

一八七三年　工学寮（工部省、修業年限六年）

一八七四年四月

農事修学場（内務省、七七年農学校、七八年駒場農学校と改称）

一八七四年五月　銀行学局

（学校、大蔵省、紙幣寮銀行課内に設置）

実業学校を始めるきっかけは低度工業教育のすすめ

明治政府と文部省が、実業教育をめざしたきっかけは、一八七四（明治七）年ころに、開成学校の教師兼顧問のドイツ人ワグネルが、文部卿に対し低度工業教育実現のすすめを建議したことです。

およそ一国の富を増進するには、主として工業の発達を図るべく、工業の発達を図るにはまず低度の工業教育を盛んにして工業上最も必要な職工長その他の技術者を養成しなければならぬ。

という趣旨でした。

他の省庁も実業学校を作りました。技能現場を持つ省庁が必要と判断して、新しい技能習得の実業学校を作っていたのです。燈台、電信、銀行など西洋の技術を取り入れるために、指導育成機関が必要でした。「産業教育九十年史」（文部科学省発行）には、

学校教育が普通教育中心であったので、産業教育はそれを必要とするそれぞれの省において現場と緊密な連絡のもとに教育が行われていました。

と書いてあります。

教育令　職工学校は百工の職芸を教える

ワグネルの建議のすぐあと、一八七九（明治一二）年に発布された教育令では、

農学校ハ農耕ノ学業ヲ授クル所トス、商業学校ハ商ノ学業ヲ授クル所トス、職工学校ハ百工ノ職芸ヲ授クル所トス

と定められています。

「百工の職芸」という言葉に明治時代に街の中に多くの技能を持つ職人がいた様子が目に浮かびます。

当時、工業が立ち上がっていないので、ワグネルの建議にある「職工長その他の技術者の養成」について、ややあいまいです。

実業学校の創造期

政府、文部省はワグネルの建議の方向で実業教育を起こそうとしました。しかし、当時の社会の情勢と折り合わず、なかなか軌道に乗りませんでした。

まず、開成学校内に製作学教場が作られましたが、製作学教場は、一八八一（明治一四）年に、東京職工学校に改組され、さらに東京工業大学になりました。開成学校は、変遷を経て東京大学になりました。

工業教育を行うには、その教育機関における教育者を育成する必要がありますから、初めの実業学校は指導者養成の性格を強く持つことになり、低度にとどまれません。また、教授陣が、低度の教育機関で働くのは面目が立たないと考え、高度な教育機関へ作り替え

を働きかけたのかもしれません。

一八八七（明治二〇）年、完全な民営で、工学院大学の前身である工手学校（夜間の学校）が作られました。職人より少し上の技術者養成を目指しました。

この学校の教授陣は、帝国大学工科大学（東京大学の前身）の教授など一流の人たちで、教科書は西洋の書物ですが、翻訳版がないとき原書で講義しました。

工手学校は、中度工業教育を意識した学校ですが、高度な内容になっていました。

低度、中度、高度など分類しても無意味な時代でした。

実業教育は実社会との関係が淡白

文部省が実業学校を作り始めた頃日本は農業国であり、作られた実業学校は、ほとんどが農業系の学校でした。

農業系実業学校の必要性はどこにあるのでしょうか。

江戸時代の農業の水準は、アジアでもっとも高かったし、西洋と違う作物を作っていたのですから、農業技術で西洋に後れを取っているわけではなかったのです。西洋技術導入の差し迫った必要性はなかったと思います。

では、工業系はどうかというと、日本には、工業という産業分野がありませんでした。ものを作るという意味では、明治に入っても職人養成の徒弟制度が機能していましたので、職人養成の学校をつくる必要に迫られたわけでもありません。

農業、工業などの分野で学校設立の差し迫った必要性はないけれども、とにかく西洋化して、新しい日本を作ろうとしていたことになります。学校教育、実業教育は未来の日本を目指したものであり、明治初期の社会とはミスマッチングでした。

企業の必要な情報は、学校教育側が持っていて、大学や実業学校が企業をコンサルトする形でした。学校教育側は、西洋の実情を企業側に流すだけなのに、企業にたいし「上から目線」を持ちました。

文部省は、もともと広く社会の意見を聞く組織ではなかったので、実業教育の内容を創造する時に、日本の実業社会の要求を軽く扱いました。これが影響して、実業教育は、日本の実社会との関係が淡白になりました。つまり、生徒が、卒業時に身につけている技能が、社会の要求を反映しないとか、実社会が作る職業資格に冷淡で、その取得に配慮しない実業教育に終始しました。

さらに、実業教育にとって不運なことに、企業は実業学校の教育内容の向上をあてにせず、自前で技能訓練をして、自社の技術・技能を向上させました。

実業教育の充実

明治二〇年代に日本の産業が発展期に入り、やっと実業教育の、とりわけ工業教育の充実をはかる機運がでてきました。この時期に、文部省は工業教育の振興を行いました。

一八九三（明治二六）年、井上毅が文部大臣になりました。二年足らずの間、文部大臣でした。

彼は、

一般人民の実業上の知識は無形の資本として最価値ある原素たるもの

と考えていて、とりあえず、小学校卒業者の進路未定者を教育して、産業振興の人手を増やす道筋をつけようとしました。実業教育だけではなく教育全般が工業の発展に寄与するべきと考えていました。さらに、科学・技術・実業の一致が必要と考えていました。

文部大臣に就任し、その年の閣議提出文書に、実業教育は、フランスが一番進んでいるから、日本の学校教育に取り入れると書いています。

一九九四（明治二七）年
実業補習学校規程
一九九五年
徒弟学校規程
簡易農学校規定
実業教育費国庫補助法

と産業発展を意図して、実業教育の意欲的な充実を行ないました。

実業補修学校は、小学校などに併設される定時制の学校です。だから補習は、小学校の補習です。

実際に作られた実業補習学校は農業補習学校の校数が多く、若手の農業経営者の育成、交流などに役立ちました。

都市部には工業補習学校ができましたが、徒弟制との関係で、さほど人気がなかったようです。工業発展を期待する文部省の意図とは裏腹になっていました。

工業補習学校と同時にできた徒弟学校は「職工タルニ必要ナル教科ヲ授クル所」で、実技一本の教育ではなく、読書や修身を講義内容に含んでいました。

実業教育費国庫補助法は、実業教育の振興にたいへん役立ちました。

実業教育はフランスを模範として

明治初期の頃、ヨーロッパでは、中世以来ギルドが管理していた徒弟制度が大きく変化していました。

西洋諸国の中で比較的後進国のドイツでは徒弟制度が残りました。

イギリスでは、ギルドに変わって労働組合が徒弟制度を管理するようになり、フランスでは、ギルドを廃止しました。

ギルドを廃止したフランスは、徒弟制度に代わって技能を育てるための学校をつくりました。

明治政府が、実業学校を作るモデルを捜すなら、フランスしかありません。

中等教育では学問を実際に応用し国を富まし民を益すべき実業者を育てる

日清戦争（一八九五年）・日露戦争（一九〇五年）をへて、日本の産業（特に工業）の発展とともに実業教育の重要性がまし、実業教育が充実しました。

その波及効果で中等教育全般に活気が出てきて、国民に学校教育の必要性が認識されてきたといえます。

一八九九（明治三二）年に、中等教育三法（中学校令、実業学校令、高等女学校令）が整備されました。中等教育機関の教育目標は次のように考えられていました。

一、学問を実際に応用し国を富まし民を益すべき実業者

二、官吏たるの資格を得るにたるべきもの

低度工業教育を目指して発足した実業学校は、中学校（旧制）と同じ中等教育の位置づけに昇格しました。

当時の状況を文部科学省の「学制百二十年史」にみると

> 明治三二年（一八九九）中等教育関係三学校令の一つとして、実業学校令が公布された。これにより実業学校は「工業農業商業等ノ実業ニ従事スル者ニ須要ナル教育ヲ為ス」学校と定義付けられ、従来よるべき規程を持たなかった工業学校をはじめ、様々な種類の実業学校に関する制度が確立することになった。日露戦争後の産業の急激な発展を背景として、実業学校はこの後飛躍的に増加していった。
>
> 実業学校の展開は、産業界へ中級技術者を数多く供給することにより我が国産業技術の向上に寄与し、他方、中等レベルの学校教育の広範な普及に役立つなどの結果をも生み出すのであった。

旧制中学校でも「実業教育」を

政府・文部省は、実業学校の教育だけでは、産業人を育てるのに量的な不足があると考えていました。だから中学校を含む教育全般に実業教育を施すつもりでした。実業教育を、中学校（旧制）でも取り入れるべきだとの意見が毎回の教育改革論議で出されていました。

この議論の方向は、太平洋戦争終結まで変わりませんが、中学校で本気で実業教育が行われたことはありませんでした。

第一次世界大戦後の徳育重視

一九一八（大正七）年に「実業教育に関する答申」が出されました。この答申は、「実業教育を益々振興発達させるべきこと」といいながら

> 実業学校においては技能に偏するの弊を避け徳育に一層の力を用い、人格の陶冶に努めること。

としています。

このころ第一次世界大戦が終わり、景気が良くなり、生産が向上するときでした。工場の動力が蒸気機関から、電気に切り替わりました。

急激な技術革新の時期だったのですが、「技能に偏することなく、徳育に一層の力を用いなければならない」というところに、文部省の特質が出ています。

文部省は技能現場を持たず、技能の習得に無関心な省であり、一方で、「心」「精神」に熱意を持つのが特質です。

一九二〇（大正九）年、実業学校法を改正しましたが、「主知主義」に加えて「徳育」に努めることになり、実業学校教育の中で普通教科を多くしました。国体護持の精神を高めることが期待されました。

主知主義とは、知性、理性、を意思や感情より重視する哲学的立場です。さしづめ、専門教科に偏りすぎることを指しています。

「明治国家」最後の教育改革

一九四三（昭和一八）年、中学校令、高等女学校令、実業学校令が一つの中等学校令に統一されました。中等学校令の実業学校規定に書かれた実業学校の目的は次のようになりました。

皇国の東亜及び世界における使命を明かにし皇国産業の重要性を自覚せしめ職分を尽くして皇運を扶翼し奉るの信念と実践力とを涵養すべし。

すでに、太平洋戦争は日本の不利に展開し始めており、皇運の扶翼（皇室の運命を助けること）は、戦争を続行することを意味しました。戦争の続行が教育の目的に加わることになったのです。

空襲で学校破壊、学徒動員

この頃、相次ぐ空襲により学校は破壊され、児童、生徒は、学校に行くことすらできなくなりました。

国の指示で、初等教育機関の児童は地方へ疎開し、中等教育機関にいた生徒たちは、学徒動員で、工場で働くことになりました。

高等教育機関の学生たちは、兵隊として入隊することになりました。

一九四三年に、徴兵の年齢幅を改正し、一九才から四五才とされました。(二〇才から四〇才を改正)

それまで、兵役法の規定により学生は二六歳まで徴兵を猶予されていましたが、高等教育の卒業が、三ヶ月から六ヶ月早められ、早く入隊することになりました。

また、同じ四三年に在学徴集延期臨時特例が公布されて、理工系と教員養成系を除く文科系の高等教育学校の在学生の徴兵延期措置が撤廃され、在学中でも徴兵年齢をすぎた学生は入隊しました。

これは学徒動員といわれています。

その第一回目の入隊のために、四三年一〇月、関東の該当学生など七万人を集めて明治神宮外苑競技場で行われた出陣学徒壮行会は有名です。(二回目は実行されませんでした。)

この壮行会は、文部省学校報国団本部の主催です。

政府の実業教育への「熱意」と実業学校の数

文部科学省の「学制百年史」などから、中学校数、実業学校数を調べると、一八九四(明治二七)年には中学校数、八二校にたいして、実業学校は三二校あり、中学校数の四割に当たります。以後、実業学校の増設数が中学校のそれを上回りました。

実業学校総数は、一九〇〇年代はじめに中学校総数を上回り、一九四三(昭和一八)年に、最多の一九九一校、生徒数、八四万五四九七人になりました。

それ以後財政難のため校数は減少しました。商業を整理し、工業や農業に転科、少数は廃校になりました。しかし、学級定員を増やし、多人数詰め込みの教育を行いましたので、生徒数は四五年まで増加しました。

なお、女子中等教育機関の高等女学校数は、昭和一八年で、一二九九校、七五万六九五五人でした。

学校数、生徒数の増加の数字を見ていると、実業教育が振興したように見えます。しかし、兵器生産に必要な工場労働者の確保のために、実業学校の数を増やしたのであって、実業教育の内容向上には至らなかったと思います。

また、中学校は、校数が少ない割には生徒数が多

年	中学校		実業学校	
	校数	生徒数	校数	生徒数
1894 明治27	82		32	
1895 明治28	96		55	
1903 明治36	259	98,000	240	31,000
1917 大正6	329	147,467	587	106,791
1936 昭和11	559	352,320	1304	434,346
1943 昭和18	727	607,114	1991	845,497

く、実業教育の方が少人数教育をしていたことがわかります。

実業教育の内容が充実しなかった理由

「実業教育の内容が充実していない」　それは、私の現役教師時代以来の主観です。（これを客観的に説明するのは大変難しいことです。）

実業教育の内容が充実しなかった理由を次のように考えます。

一、社会、企業の要求に則って具体的な実業教育の目的が作れればいいのですが、文部省には、その機能がありません。（現在の文部科学省の審議会は、聞きたいことについて諮問しているだけなので、不十分です）

二、文部省は、昔から抽象的に教育を考えていますので、世論をサーチしようと思いません。

実業教育を創造する部門を受け持つ文部省が、実技能力育成について、現実を見ず、抽象的な思考に終始したので、実業教育の内容を貧弱にしました。

結局、なりゆきで明治の実業教育は次のような役割分担になりました。

一、学校では、教科書中心の学習重視。実習による技能教育は最小限。

二、社会、企業内教育で実業教育を完成させる。

もし、実業教育の出発点で行われていたように、技能現場を持つ各省庁が、教育を分担し続けておれば、もっと具体性に富んだ実業教育が創造できた可能性があります。

現在、真剣に技能を身につける教育機関である、航空大学校、税務大学校、気象大学校、防衛大学校などは、それぞれの関係省庁が主管しています。

その2　第二の教育改革と実業教育

太平洋戦争終了直後の日本国の自主的教育改革

一九四五（昭和二〇）年七月に大日本帝国に対して、連合国側から、ポツダム宣言が発せられました。

これは、アメリカ、中華民国、イギリスの首脳が、太平洋戦争の全日本軍の無条件降伏等を求めた、全一三条から成る宣言です。

大日本帝国は、これを拒否していましたが、八月一五日に受諾しました。

この間に、広島と長崎に原子爆弾が落とされました。

ポツダム宣言受諾時の首相は鈴木貫太郎でした（一九四五年四月七日から四五年八月一七日まで）。

文部大臣、太田耕造は、八月一五日終戦の日に、

大日本帝国の教育が皇国教学の神髄を発揮するとい

う点で不十分であったから、今日の国難を招いた、今
後、国体護持の一念に徹するように。

と、訓示しています。

この内閣は、その訓示の二日後に総辞職しました。

次の内閣は、東久邇宮内閣（一九四五年八月一七日から一九四五年一〇月九日）で、文部大臣は松村謙三でした。

敗戦してすぐに、文部省（大臣太田耕造）は、教育を戦時体制から、平時の教育に戻し、八月一六日にまず学徒動員解除の通達を出しました。

内閣が変わって、八月二八日、「おそくも九月中旬から授業の再開をするよう」指示し、九月二六日には疎開学童のすみやかな復帰について通達しました。

（文部大臣松村謙三）

九月一五日に、文部省が、「新日本建設の教育方針」を出して、戦後教育の当座の基本方針を明らかにしています。

それは、平時態勢への復帰、軍事教育の全廃、軍事研究の平和目的への変更などをかかげていました。国体護持を基本としています。

軍国主義教育の払拭と平和国家の建設は、広く社会に受け入れられました。

新教育の方針は、次のような目標を持っていました。


新事態に即応する教育方針の確立について立案中であるが、今後の教育方針としては、国体の護持を基本とし、軍国的思想および施策を払しょくし、平和国家の建設を目標に掲げ、国民の教養の向上、科学的思考力のかん養、平和愛好の信念の養成などを教育の重点目標とする。（現代語訳）

連合国からの教育に関する四つの指令

一九四五（昭和二〇）年一〇月二二日以後、年末までに、連合国軍（占領軍）総司令部（ＧＨＱ）から相次いで四つの教育に関する指令が出されました。

連合国、主としてアメリカから見ると、政府、文部省の自主的教育改革は不十分とされたわけです。

指令は

一、日本教育制度の管理
二、教員及び教育関係者の調査、除外、認可
三、国家神道、神社神道に対する政府の保証、支援、保全、監督並びに弘布の廃止
四、修身、日本歴史及び地理の停止

の四つです。それぞれ大部で、内容は日本側の予想を超える厳しい指摘でした。

これを受けて、明治の教育の創造に匹敵する大きな教育改革がおこなわれました。これを第二の教育改革といいます。

日本で初めての教育基本法がつくられました。その教育基本法は六〇年間変更されなかったので、第二の教育改革の大筋において、日本国民の支持があったと考えられます。

一方で、アメリカの指導の下に行った非日本的な教育改革だとする攻撃的な非難がついてまわりました。

教育改革を討議した教育刷新委員会の委員長南原繁東大総長は、後に教育基本法の討議に関し、アメリカの押しつけも指示もなかったといっています。

米国教育使節団の報告書

第二の教育改革と占領軍との関係はもう一つ重要なポイントとして、ＧＨＱがアメリカから呼んだ、教育使節団の報告書があります。

アメリカ教育使節団は一九四六年三月（第一次）と一九五〇年八月（第二次）に来日しました。一九四六年三月三〇日に第一次報告書を、一九五〇年九月二二日に第二次報告書を提出しました。

文部科学省の「学制百年史」によれば

この報告書に基づき、戦後の学制改革が実施された。その際日本側も、多くの著名な知識人・文化人が協力している。

このうち、一九四六（昭和二一）年三月の米国教育使節団報告書には

新しい教育の目的を達成するためには、つめこみ主義、画一主義および忠孝のような上長への服従に重点

を置く教授法は改められ、各自に思考の独立・個性の発展および民主的公民としての権利と責任とを、助長するようにすべきである。

と書かれています。

この時の内閣は、幣原喜重郎内閣で文部大臣は前田多門でした。

翌年教育基本法が成立しますが、米国教育使節団報告書の趣旨が生かされていました。この時の内閣は、吉田茂内閣、文部大臣田中耕太郎でした。

器具を持って働く人々に対しても敬意を払うように

実業教育について、米国教育使節団報告書はすばらしいことを書いています。

> 日本再建のために教養ある頭はもちろん、熟練した手をも必要とする。
>
> 日本の教育者は、精神だけで働く人々に対すると同様に、器具を持って働く人々に対しても敬意を払うように、国民を誘導しなければならない。

これらの見解に心から賛成します。

一方、福沢諭吉の「学問のすゝめ」には、気にかかる一節があります。

> また世の中にむつかしき仕事もあり、やすき仕事もあり、そのむつかしき仕事をする者を身分重き人と名づけ、やすき仕事をする者を身分軽き人という。すべて心を用い心配する仕事はむつかしくして、手足を用いる力役はやすし。故に、医者、学者、政府の役人、または大なる商売をする町人、あまたの奉公人を召し使う大百姓などは、身分重くして貴き者というべし。

この文脈の線上に「器具を持って働く人々に対しても敬意を払う」という発想は存在できないでしょう。福沢は、「学者を大工より偉く」した明治政府の考え方を支持しているわけです。

日本の学校教育には、福沢のこの考え方が根底にあるように思われます。しかし、江戸時代、さらに明治初期の町人の社会で、技能者が軽視されていたわけではありません。もっとくだって、終戦後にも庶民の中には技能軽視はありませんでした。

日本が戦争に負けたのは、科学技術が劣っていたからだと考えられ、明治の「殖産興業」、「追いつけ追い越せ」の精神が戦後に生き残りました。実業教育の必要性は認識され、一時期、工業高等学校などの実業教育施設設備が充実されました。ここに、国民が技能を軽く見ていなかったことがわかります。

それでも、実業教育の内容が充実しませんでした。ここに「学者が大工より偉い」という価値観を持つ、文部科学省の姿勢が影を落としていると思います。

新制高等学校は迷走を強いられた

太平洋戦争後の新しい制度の高等学校を、新制高等学校といいます。

当初、新制高等学校は、「総合制」、「小学区制」、「男女共学制」の高校三原則によって整備される予定でした。（今日、この「高校三原則」の五文字を知っている人はかなり高齢者だけになりました）

ところが、この三原則は、後の教育改革でどんどん「国情」に合わされました。高校三原則の一番目、総合制高等学校は「器具を持って働く人々に敬意を払うように」教育改革された部分ですが、これは離陸すらできませんでした。

学制百年史には、第二の教育改革を国情に合わせた理由が説明されています。

一部、地方軍政部の強い主張により実情を無視した総合制や学区制を実施したため混乱を起したり、禍根を残したところもあった。

この文中にある地方軍政部とは、連合軍（占領軍）の組織です。

私は、これと違う見方をします。

総合制高等学校が、「混乱、禍根」の原因になったのは、技能の教育に対して文部科学省の腰が引けていたからです。文部科学省だけでなく、日本の教育界全体の姿勢でもあったでしょう。

高校三原則の二番目、小学区制は居住地から進学できる高等学校を一つにする方法でしたが、成績のよい生徒の教育には不向きであるとか、高校選択の自由がないなど批判され、一九六五年頃になくなりました。

新制高等学校の三原則のうち、今日に残ったのは男女共学制だけです。

というわけで、現在の学校教育は第二の教育改革文脈上の学校教育設計との整合性が悪く、別物というべきです。

私は、第二の教育改革の熱い精神が好きで、熱さが消えない時代に高等学校の生徒であったことを懐かしく、かつ誇りに思います。

実業学校教育の不満が総合制高校の足かせ

総合制高等学校が離陸できなかった理由は、
一、実業学校の卒業生が実業学校教育に不満を持っていたこと
二、文部科学省が実業教育を真剣に考えてこなかったこと
の二つの理由によると思います。

一九四三（昭和一八）年の実業学校生徒数は八五万人です。中学校、女学校の生徒数を合わせると、中等教育機関在籍数は二二〇万人になります。

現在、高校生数三五〇万人と比較して、少ないとはいえない数字です。

実業学校系の中等教育を受けた人と四方山話をしていていると、「旧制中学校に行ったほうが、企業の社員として有利だった」と不満をもっている人が多いと感じました。

この不満は、新制高等学校の発足に大きく影響したと考えられます。

総合制高等学校は真剣に考えられなかった

文部科学省が、明治以来、実業学校の教育内容を真剣に考えて蓄積していたら、総合制高等学校の設計ができたでしょう。

ところが、総合性高等学校は、ほとんど作られませんでした。

わずかに発足させた総合制高校は、旧制中学校または高等女学校に実業学校を併合し、普通科と実業科を併設して総合制高等学校とみなす安易なつくり方でし

た。

国民の中に、「手に職をつける」ことが重要と思われている時期でしたが、急ごしらえの総合制高等学校が信頼されるわけがありません。

一方の普通高等学校は、過去の実績のある中学校の衣替えで作られましたので、信頼感がありました。その信頼感の何割かは、従来の実業教育への不信の裏返しであったと思います。

社会に、新制普通高等学校志向の大きな流れができました。

予算が少ない普通高等学校を増設

一九七〇年代、工業高等学校の場合、普通高等学校にくらべて、建設費、施設設備の維持費ともども五割増といわれていました。

教員の定員も、法律で普通科高等学校より多く配置されているので、人件費も高くつきました。

教育関係行政としては、手柄にならない総合制高等学校の制度設計をするより、普通高等学校を作って、急場をしのぐほうが、何かと都合よかったのです。

進学率が上昇し、六〇年代には、中学浪人が、全国的に社会問題化している時期でしたから、普通高等学校を多くして、入り口を広げ、問題解消を図りました。

進学率はさらに上昇しました。

富山県は例外です。富山県は一時期「実業高等学校」を多く作りました。これは七三体制（実業系七割、普通高等学校三割）と批判されました。

そのため、県は、普通高等学校を建設する方向に変えてしまいました。

安上がりの学校を、国民が選択し続けたのです。学校教育の閉鎖性がその根本にあります。国民に教育の情報が伝わっていないために、考えを思いめぐらすことができませんでした。

新制中学校に技術家庭
新制高等学校では実業教育の実質縮小

第二の教育改革で、中等教育に、新制中学校を新設し、そこに技術家庭科がつくられたことで、実業教育をうける人数が増えたように見えました。

しかし、中学校技術科の教育内容は、職業技能習得のための実業教育ではなく、一般的な技能習得が目的です。

この科目に対する文部科学省は意欲がないと思われます。

専任の教諭が配置されていない中学校も少なくない状態です。その状態を非難する国民の声もありません。それゆえ教育現場の意気はあがりません。

一方、新制高等学校は普通科が多く、実業学校の数は激減しています。

学校教育法第四一条の軽視について

学校教育法第四一条ができ、高等学校で「普通教育」および「専門教育」の両方が受けられることになりました。旧制度では、中等教育において、男の子は、実業教育（実業学校）か、普通教育（旧制中学校）を選択しなければなりませんでした。これを嫌っていた実業教育関係者は、学校教育法第四一条を歓迎しました。

しかし、総合制高等学校は頓挫し、実業教育は、工業高等学校、農業高等学校などの形で継続することになりましたので、せっかくの学校教育法第四一条は実現されなかったといえます。

一方、昭和二六年には産業教育振興法ができ、国の補助によって実業高等学校の備品は充実しました。ちぐはぐはありましたが、この時期まで、国民は実業教育の発展を期待していたといえます。

現在の学校教育法では、旧四一条の内容が五一条に、一項と二項にわかれて書かれています。

資料　新旧学校教育法

現行学校教育法

第五一条　高等学校における教育は、前条に規定する目的を実現するため、次に掲げる目標を達成するよう行われるものとする。

一、義務教育として行われる普通教育の成果を更に発展拡充させて、豊かな人間性、創造性及び健やかな身体を養い、国家及び社会の形成者として必要な資質を養うこと。

二、社会において果たさなければならない使命の自覚に基づき、個性に応じて将来の進路を決定させ、一般的な教養を高め、専門的な知識、技術及び技能を習得させること。
三、個性の確立に努めるとともに、社会について、広く深い理解と健全な批判力を養い、社会の発展に寄与する態度を養うこと。

旧学校教育法、第四章　高等学校
四一条　高等学校は、中学校における教育の基礎の上に、心身の発達に応じて、高等普通教育及び専門教育を施すことを目的とする。

実業学校数減少と民主主義社会

総合制高等学校の失敗（実業教育の総量が大きく減少した）について、文部科学省は私と違う見方です。

学制百年史には、新制高等学校の三原則が、実業学校数の減少をまねき、その上に、民主主義社会の教育が普通教育を強調するので、職業課程（実業高校）へ進学する生徒数が減ったと書かれています。

学制百年史の分析

前述の三原則により独立の職業高校は減少し、総合制における職業課程を含めて職業教育に必要な施設・設備が不十分であり、加えて民主社会の人間形成における普通教育、一般教育の強調は職業課程を希望する生徒を減少させた。かくて戦後当分の間職業教育は沈滞に陥った。

実業教育（工業高等学校など）の衰退

第二の教育改革は国民の支持を得ていたのですが、その下を支える法律が全く遵守する気持ちなく見捨てられていたり、微妙に変えられたりしました。第二の教育改革の精神が輝く状態とは、程遠くなりました。

大阪では、二〇〇五年から、工業高等学校の半数くらいが工科高等学校になり、残りは昼間定時制高等学校になりました。

私には、実業教育一二〇年目にして大阪の工業教育の終息を意味するように見えます。

大阪は、江戸時代からの学問や、商業の中心地です。明治の資本主義出発のための資本がたくさん存在し、資本主義の立ち上がりに大きく貢献し、ついこの間まで日本経済を牽引していました。

その大阪に、職工学校が置かれ、それが工業高等学校になって、大阪の生産業の人材養成に貢献してきたのです。

工業高等学校などの教育に携わる人たちは意欲を失っていないのに、教育界の現状分析の力不足だけの理由で、この土地から、工業教育が消えそうになっているのが残念です。

その3　文部科学省は実業教育を育てられない

経済見通しが立たず思考停止した文部科学省

国として、実業教育をどのように維持するか、発展させるか、もしくは廃止するか、考えることができていません。

二〇世紀の終わりの四〇年あまりの間に、社会の産業の形態が大きく変化し、生産工場の中に人がいなくなりました。

原因は一九六〇年代からどんどん進化したオートメーション（自動機械化）です。

工場が自動化され、人が「いない」状態で生産するのでは、技能者を教育する意味がありません。

旋盤を動かす技能者が不要になっても、ソフト技能者は必要なのだ、という理屈も成り立ちますが、旋盤技能者がソフト技能者に転身することはできません。旋盤技能者の仕事が減るのに見合って、ソフト技能者の仕事が増えるわけでもありません。

ほかに、円高の悪影響を避けるための工場の海外移転や、日本経済のグローバル化などがあり、工場数すら減りました。

この状態では、明治以来の実業教育（工業教育など）の道筋である「個人を教育し技量を高め、経済を力強くする」考え方が維持できません。

新しい考え方が要求されているのに、日本の経済の動向を見極められないので、学校教育全般が思考停止しています。社会が方向を持たないので、文部科学省は学習指導要領を「作れない」のです。

教育改革において、まず教育すべき根本を論議すべきですが、それはなされないまま、とりあえず、全国的に実業教育が縮小されています。

実業教育　意欲に欠ける学習指導要領文面と意欲に燃える文面

文部科学省が実業教育を持て余している証拠として、一九五〇年代の学習指導要領と、一九九八年の学習指導要領を比較してみます。

まず、意欲がないと見える学習指導要領

二〇〇九（平成二一）年改訂の「工業」の「目標」は、次のような短い記述です。

文部科学省の工業教育への意欲は感じられません。

第一款目標

工業の各分野に関する基礎的・基本的な知識と技術を習得させ、現代社会における工業の意義や役割を理解させるとともに、環境及びエネルギーに配慮しつつ、工業技術の諸問題を主体的、合理的に、かつ倫理観をもって解決し、工業と社会の発展を図る創造的な能力と実践的な態度を育てる。

参考　一九九八年の記述

「工業の各分野に……理解させるとともに、」まで同じ、以後

環境に配慮しつつ、工業技術の諸問題を主体的、合理的に解決し、社会の発展を図る創造的な能力と実践的な態度を育てる。

次に意欲のあった頃の学習指導要領文面

一九五六年（昭和三一年）の「工業科の目標」は、文部省の工業教育への熱意を強く感じる文面です。要約しても、たいへん長い文章です。

高等学校における工業教育の目標（要約）

高等学校における工業教育は、中学校教育の基礎の

上にたち、将来わが国工業界の進歩発展の実質的な推進力となる技術員の育成を目的とし、現場技術にその基礎をおいて、基礎的な知識・技能・態度を習得させ、工業人としての正しい自覚をもたせることを目ざすものである。

それぞれの工業分野における基礎的な技能・知識を習得させ、工業技術の科学的根拠を理解させる。運営や管理に必要な知識・技能を習得させる。くふう創造の能力を伸ばし、工業技術の改善進歩に寄与する能力を養う。工業技術の性格や工業の経済的構造およびその社会的意義を理解させ、共同して責任ある行動をする態度と、勤労に対する正しい信念をつちかい、工業人としての自覚を得させる。

しかしながら、高等学校における工業に関する課程は非常に種類が多く、それぞれの課程が関連をもつ工業の業種や業態にも差異があり、さらに学校の地域的特性や実情などにも相違があるから、工業教育の目標を一律に設定することは適当でない。工業教育の具体的な目標は各学校、各課程ごとに設定するのが妥当である。

各学校におけるそれぞれの課程の目標を定める場合には、その課程を卒業した生徒が将来しめる現場の職務をもじゅうぶん考慮する必要がある。

以上は、専門教育としての立場から工業教育の目標を述べたのであるが、普通課程において行う一般教養としての工業教育の目標ともなるものである。

参考　基本的な実業教育関連用語

持続可能な社会を目指す将来の教育には、かならず実業教育が大切になりますから、もう一度整理しておきます。

たくさん用語がありますが、実業教育について、系統的かつ広い範囲の人たちを巻き込んだ議論がないために、適当に定義した用語があふれているように感じます。

実業、職業、産業、専門について

文部科学省の用語をみると、実業教育は、実業学校における教育をさしています。実業学校があった明治から一九四五（昭和二〇）年ころまで使われました。

実業学校は、農業・商業・工業・鉱山・商船などを教える学校です。

一九四五年以後には、実業教育を職業教育と呼び変えました。アメリカで「職業教育」が盛んだった影響を受けています。

一九五一（昭和二六）年、「産業教育振興法」ができたころから、職業教育の呼び名をやめ産業教育と呼び変えました。

この間、農業、工業、鉱山、商船などの学科を持つ「職業高等学校」と分類される高等学校において、行われる教育が、職業教育であったり産業教育であったりしたのです。教育内容が変わったわけではなく、呼称が変わっただけです。

二〇世紀の終わりころには、また呼び名を変え、専門教育としました。現在、専門科高等学校で専門教育を行っています。

私は文部科学省が、「実業教育」の内容の創造ができず、呼称を変えて、教育改革に代えていると見ています。

私自身は、明治の実業学校の始まりから書いていますので、現在は使われていない実業教育という言葉を使っています。

複雑になった高等学校教育の混乱を現す

高等学校には、全日制課程、定時制課程、通信制課程などの課程があり、その中に学科がおかれます。

学科の種類は、

普通教育を主とする学科（普通科）

専門教育を主とする学科（専門学科）

普通教育と専門教育を、選択履修を旨として総合的に施す学科（総合学科）

の三種類あります。

専門学科には、

職業教育を主とする学科（職業学科）＝農業、工業、商業、水産、家庭、看護、情報、福祉など

普通教育をより高度に拡充させた専門教育を行う学科（普通系専門学科）＝理数、体育、音楽、美術、外国語、国際関係など、

の二つがあります。

学科の中に科目があり、職業学科には、
工業科（機械、電気など）
農業科（ハイテク農芸、バイオサイエンスなど）など
があります。

高度に充実させた普通教育専門学科には、国際教養科、国際文化科、理数科、総合科学科、芸能文化科、音楽科、総合造形科などがあります。

大阪府にある高等学校は、普通科高等学校、専門科高等学校、総合科高等学校です。

第二次教育改革で単純化された高等学校は、いつの間にか、たいへんわかりにくい仕組みになってきています。今後も単純化されず、複雑化する傾向があります。

これらは学校教育を改革したいという思いが空回りしている結果です。

第7話

学力低下対策からゆとり教育まで

その1　文部科学省の学力低下対策

まず工業高等学校が遭遇した「学力低下」

一九六三年「終戦っ子」が高等学校に進学してきた年に、大阪府は、高等学校を一〇校増設しました。普通高等学校六校、工業高等学校四校の増設でした。これは、実業教育重視の増設比率です。八校だった府立工業高等学校が、一・五倍の一二校になりました。（普通高等学校は、府立、市立含めて六〇校）

私はこのとき、教師に採用されました。以後、二〇世紀後半の四〇年間くらい、私は大阪府の工業高等学校で、電気科の教師をしていました。

私の工業高等学校の職員室では、先輩教師が「生徒の学力が低い」と嘆いていました。入学生徒の中学校内申は、五段階評価の四レベルだったと記憶します。大阪では、中学校のクラスの成績の一番の子は進学校へ行くが、二番目の子は工業高校へ進学するといわれていました。

六〇年代には、親がこどもを普通高等学校に進学させるようになったために、成績のいい中学校卒業生は普通高等学校に進学するようになりました。このため、まず実業系高等学校で「学力低下」が始まりましたが、実業高等学校は、ほとんどが工業高等学校なので、工業高等学校イコール「低学力の学校」のイメージができました。

進学率上昇による「学力低下」

その後、大阪の普通高等学校数は、もっとも多いときで一四七校（八七年）になりました。

全国高校進学率に注目すると、一九五〇年には四〇％を少し超えた程度でしたが、六〇年には五八％、七四年には九〇％、九九年には九七％になりました。

進学率上昇にともない、高等学校入学者の中学校内申の下限がどんどん下がり、私が教師を定年退職する二〇世紀末には、高等学校には、一〇段階評価の二レベルまで入学するようになりました。中学校卒業生のほぼ全員が進学してくるのですから、高等学校に中学校内申の二の評価の生徒が入学するのはあたり前です。

普通高等学校が多く増設されたので、極端な低学力問題は、一部の普通高等学校の問題になりました。

義務教育での「落ちこぼれ」

学力低下に関して、一九七一年（昭和四六）年六月に発表された、全国教育研究所連盟の研究発表報告「義務教育改善に関する意識調査」が有名です。

義務教育の学力低下、学力格差が指摘されました。学校の授業についていけないこどもが、クラスに半分もいる場合が報告され、「落ちこぼれ」が社会問題になりました。

この頃、学力として社会的に問題とされていたのは、文字の読み書きの知識などでした。低学年からむつかしい漢字を教えるようなことを、「つめこみ教育」と名付け、内容が高度になった学習指導要領が、社会的に批判されました。文部科学省は、その批判に対して正面から解決を考えていました。

学校教育が閉鎖的であったため、学力低下について教師たちや、文部科学省の努力は、市民には知られていませんでした。そればかりでなく、今の現役教師の人にも知られていないでしょう。

この努力を「歴史」として書くのは虚しい気がします。キイワードの紹介のようになると思いながら筆を進めます。

高等学校の学力低下対策のはじめは教科内容の精選だった

一九七〇年ころ、文部科学省は高等学校の学力低下問題を、「教科内容の精選」で解決しようとしました。

精選とは、教える内容とか量を変えないで、教える効率を上げる考え方です。複数の教科に、同じ内容が繰り返し述べられることがないようにして授業時間を有意義に使います。

教科書の精選　並べ直しただけで粗雑

「教科内容の精選」を、「教科書の内容の精選」で説明します。

六〇年代の工業高等学校電気科の教科書は、高度すぎるという印象もさることながら、もっとわかりやすく書く必要がありました。精選することは必要なことでしたが、精選された教科書を見ると、数学的な証明が削除され、結果だけ記述されました。

現場作業の具体的な記述も削られました。

教科書の総ページを短くすることだけが重視されているようで、内容を並べ直し、削った「ハサミ」の跡が目立ちました。一言でいうと杜撰で、知的興味を持てず、面白くありませんでした。

「精選」の考え方は、現状を残そうとする姿勢を持っているので、改革には不向きです。

わかりやすい教科書のためには、抜本的な発想の転換が必要であることがわかりました。

その2　何が学力かを考え直す方向へ

やさしくわかりやすい内容をめざして

高等学校には、選抜された生徒が進学してきますから、高等学校の学力にふさわしくない生徒が進学してくることを学力低下と言いました。

進学率が一〇〇％に近い場合、「高等学校生徒の学力低下」に意味がなく、教育の内容を考え直すことが必要になります。

八〇年代には、文部科学省から、教育改革という言葉が聞こえてきました。「教科内容の精選」路線をやめ、もう少し深く、かつ広い視野をもって、学力問題に取り組み始めたのだと思いました。

たんに旧制中学校を衣替えした新制高等学校から、時代に合った高等学校へ脱皮する作業だといえます。

学力低下対策のレベルではなく、新しい学力観の創造を視野に入れたと考えられます。

文部科学省は、義務教育から高等学校まで、従来なかった二つの姿勢を持って学力問題に対応し始めました。

その二つとは

一、習得にこだわらないこと
二、教育内容をやさしく、わかりやすくすること

習得から履修・体験・参加へ

当時、義務教育である小学校、中学校で、「不登校」が社会問題化していました。あるいは学校に出てきても保健室で下校を待つだけという事例もありました。

学校に来て授業に出ているのに「落ちこぼれ」る子どもと共に、学校に出てこない子どものことも考えなければなりません。

文部科学省は、どの生徒にも習得を期待するのはある程度諦めようと考えたと思います。

その代わり、生徒には履修だけはしてほしい、いや、せめて体験してほしいなどと次第に後ずさりの考え方を持ったと思えました。

不登校の生徒は、せめて参加だけしてくれれば登校日数にカウントしよう、そして、法律上義務教育終了の資格を取ってもらおうと考えたのかもしれません。

習得と履修は、辞書で引くと同じような意味ですが、教育現場の受け取り方は、少し違います。

ニュアンスの違いを、やや強引に言い切ると、

一、「習得」は、こどもが自分のものとすることで、
　もっとも能動的です。
二、「履修」は勉強しておればよい
三、「体験」はその場の雰囲気を感じられるとよい
四、「参加」は、文字とおりそこにおればよい

と、次第に受動的になります。

学習指導要領の記述から
文部省の苦労を推察すると

文部科学省は、現役教師に、はっきりと言い切るような言い方をしませんから、以後に書くことは、私の勝手な解釈です。

「習得にこだわらず、履修・体験・参加すればよいと、方向を変えた」とする解釈を、学習指導要領で見て、なるほどと思っていただければと思います。

学習指導要領というもの

ここで、簡単に学習指導要領に触れておきます。

学習指導要領は、一九四七年、学校教育の参考として考えられ発表されたものです。次第に性格を変え、学校の教育内容を定めた法律のようになりました。

明治の学校教育は、「教科書を教える」形でしたが、旧教育基本法以後は、教育内容を地域、学校の自主的な創造によることになり、「教科書で教える」ことになりました。

教科書「を」教えるのと、教科書「で」教えるのは大きな違いでした。

しかし、学習指導要領が拘束力を増し、教科書もその基準で検定されるので、今また、「教科書を教える」形の学校教育の内容になっています。

学習指導要領を辞書で調べると

文部科学大臣により公示される教育課程の基準。小中高校、盲聾《ろう》養護学校の教育内容や学習事項の学年別配当、授業時間などの編成基準を示す。

一九四七年（昭和二二）に試案として提出され、当初は教師が自ら教育課程を編成する際の手引きとしての性格をもっていたが、五八年の改訂以降は法的拘束力をもつようになった。

教科書の編集基準でもある。

習得から離れる学習指導要領

科目の目標が、習得から遠ざかっていくことについて、過去の学習指導要領の「教科の目標」の記述を引用します。文部科学省は「理科ばなれ」の現象を気にかけていましたので、高等学校学習指導要領の理科の目標を四年分選び、引用しました。

一、新しい学校制度となった一九四七（昭和二二）年、「明治の教育」を色濃く残している高等学校学習指導要項（試案）物理科版

二、高校進学率が五〇%を超えた一九五六（昭和三一）年版

三、私が、学校教育が変化していると感じた頃の一九七三年版

四、新教育基本法以後の二〇一〇（平成二二）年版

一九四七（昭和二二）年版の物理科目標はエリート育成用

新制高等学校発足時の一九四七年には理科（科目）には、物理、化学、生物、地学の教科がありました。

ここでは物理の目標を書きました。

当時高等学校進学率は四割を少し超えていました。理科分野の中でも難しいといわれる物理ですが、それを生徒に確実に習得させようとする意欲を持っています。

新制高等学校の発足時で、研究者、高級技術者育成の意欲も見え、旧制中学校の気風を残しています。

当時の学校教育の気概を感じさせます。

高等学校学習指導要領の物理の目標

中学校で身につけた理科の能力・態度及び知識を基礎として、物理現象に関する研究の方法や知識体系を確実に学び取らせ、その結果さらに高い学習に進む基礎を作り、またこれを実生活に活用する能力を得させる。

一九五六（昭和三一）年版理科の目標は教養主義的

高等学校進学率は一九五五年頃に五〇％に到達しています。

すでに学習指導要領は変化を見せ、一九五六（昭和三一）年版は、教養主義的な記述になりました。研究者、高級技術者の育成は、間接的な表現で書いています。

四七年版にあった「確実に学び取らせ」がなくなり、「能力と態度を養う」と書いています。

「養う」の語に、文部科学省の苦心が読み取れます。科学、自然、生活など書かれています。「生活」は、以後書かれなくなります。

高等学校学習指導要領の理科の目標

高等学校の理科は、自然科学的な教養を与えることによって、科学的な考え方、処理の能力を伸ばし、生活を科学的にし、これを向上していく基礎をつくる教科であって、主として次のことを目標とする。

一、生活や産業に関係が深い問題を、科学的に処理するのに必要な基礎的な事象・概念・原理・法則を理解し、この知識を広く応用する能力を養う。

二、自然科学的な考え方や方法を会得し、これによって問題を科学的に処理する能力と態度を養う。

三、自然の事象に対する興味を深め、これを科学的に探究し、新しいものごとを創造する積極的な態度を養う。

四、科学的な自然観を育て、真理を愛好する精神を養い、また、自然科学の研究が生活を豊かにすることに貢献していることを認識する。

一九七三（昭和四八）年版
理科の目標は大きく変化

一九七三年版は、現役教師の私が学校教育の曲がり角を体感している時期です。高等学校進学率は九〇％に近くなっていました。

一九四七年版にあった「学び取らせる」ではなく、「習得させる」、「育てる」、「能力と態度を養う」を使いわけています。

一九五六（昭和三一）年版にあった、「自然科学の研究が生活を豊かにする」が「自然科学が人類の福祉の向上に役だつ」という記述に変わっています。

高等学校学習指導要領の理科の目標

自然の事物・現象への関心を高め、それを科学的に探究させることによって科学的に考察し処理する能力と態度を養うとともに、自然と人間生活との関係を認識させる。このため、

一、自然の事物・現象の中に問題を見いだし、それを探究する過程を通して、科学の方法を習得させ、創造的な能力を育てる。

二、自然の事物・現象に関する基本的な科学概念や原理・法則を系統的に理解させ、これらを活用する能力を伸ばし、自然のしくみやはたらきを分析的ならびに総合的に考察する能力と態度を養う。

三、科学的な自然観を育て、また、自然科学が人類の福祉の向上に役だつことを認識させる。

二〇一〇（平成二二）年版の理科の目標（ほとんど変化なし）

二〇一〇年版は、何回かの改定を生き抜いて来た近年の定番の書き方です。「習得」はありません。キイワードのような単語が並べられているだけで、共感を呼ばない書き方です。改訂を続けている理由がわかりにくくなっています。

高等学校学習指導要領の理科の目標

自然の事物・現象に対する関心や探究心を高め、目的意識をもって観察、実験などを行い、科学的に探究する能力と態度を育てるとともに自然の事物・現象についての理解を深め、科学的な自然観を育成する。

資料　その他の学習指導要領改訂時の理科の目標

一九六〇（昭和三五）年版理科の目標

一、自然の事象についての関心を深め、真理を探究しようとする態度を養う。

二、自然の事象を実験・観察などを通して考察し処理する能力と態度を養う。

三、自然の事象に関する基本的な事実や原理・法則に関する理解を深め、これらを活用する能力を伸ばし、科学的な創造力を育てる。

四、科学的な自然観を育て、また自然科学が生活や産業に応用されており、人類の福祉に深い関係のあることを認識させる。

以上の目標の各項目は、相互に密接な関連をもって全体として「理科」の目標をなすものであり、「理科」の各科目の目標のもととなるものである。指導にあたっては、各科目の目標とともに教科の目標の達成に努めなければならない。

一九八二年（昭和五七）版理科の目標

観察、実験などを通して、自然を探究する能力と態度を育てるとともに自然の事物・現象についての基本的な科学概念の理解を深め、科学的な自然観を育てる。

一九九三（平成五）年版理科の目標

自然に対する関心を高め、観察、実験などを行い、科学的に探究する能力と態度を育てるとともに自然の事物・現象についての理解を深め、科学的な自然観を育成する。

二〇〇三（平成一五）年版理科の目標

自然に対する関心や探究心を高め、観察、実験などを行い、科学的に探究する能力と態度を育てるとともに自然の事物・現象についての理解を深め、科学的な自然観を育成する。

もう一つの「履修・参加・体験」全員履修クラブまず、なやましい部活動の説明

ここから、しばらく部活動関連の話になります。多くの人から見ると、学校の良い印象、楽しい思い出の中心であることが多い部活動ですが、教育現場では悩ましい存在です。

悩ましくなる原因は、部活動に関して、長い間学習指導要領に記載がなかったことによります。言い換えると、法的に部活動の存在場所がなかったのです。

どこの学校にもある部活動が、学習指導要領にないのは不思議なことですが、文部科学省にとって、考えにくいものだったと思います。推測ですが、自主活動について文部科学省は苦手にしているようなのです。

各学校では、部活動を校内に存続させるために、学習指導要領に書かれている特別教育活動に分類し、生徒会活動の一環と位置付けてきました。

生徒会活動は、自主的な活動であるから、費用を自分で負担することも、参加しない自由も認められています。一部の運動部では、かなり出費がかさむものがあります。

普通の教科では、選択制の教科であっても、生徒の負担が平等です。

自主的活動であるから、条件整備（施設、設備、指導者）が進まなくても、生徒の出費に差ができても、設置者が非難されることはありません。

条件整備されないから、収容力がなく止むを得ず「帰宅部」を選ばなければならない生徒が存在します。

すると、「帰宅部」があるから、悪条件でも部活動が成り立つ、という悪循環が生じます。

仮に部活動を選択科目と考えますと、収容力がないから生徒を受講させない事態はできるだけ避けるべきことです。

自主的な活動としての位置付けが矛盾を隠しているといえそうです。

その他、部活動の悩ましいこと

一、部活動の目的も到達度は顧問に任される。一九四七年に新しい学校教育が出発した時は、教科も地域、学校に任されていたので、部活動と教科の間で矛盾がなかったが、学習指導要領が法律化するに従い部活動に違和感ができた。

二、顧問によっては高い目標をおき、休日も部活動を行う。場所の確保は、学校のエリアから飛び出すこともある。残業手当、交通費など誰が負担するか。

三、教師の給料は同じであるが、負担の多い顧問の給料を多くするのか。

四、部活動中の事故は、誰の責任か。顧問だけが賠償責任を負うのか。

六〇年代後半になると、残業手当問題、事故の責任などを巡って裁判が起こされるようになり、学校の設置者（例えば地方自治体）の責任が問われることが多くなりました。中途半端な部活動の存在が許されなくなってきました。

部活動の矛盾を全員履修クラブによって解決？

文部科学省は、一九七三（昭和四八）年の指導要領改定時に、特別活動にクラブ活動を加え、特別活動の内容は、ホームルーム、生徒会活動、クラブ活動、学校行事の四つになりました。

こうすることによって、クラブ活動を学校教育として位置付け、学習指導要領で、目的、到達度など細かく決めることができそうです。すべての教師が顧問をうけ持つことによって、負担が平等になるでしょう。

以前から活動していた部活動は、クラブ活動ともいわれていましたが、この機会にはっきりと、別物になりました。現場では、新しいクラブ活動を部活動と区別するために、「全員履修クラブ」または「必修クラブ」の通称をつけました。

全員履修クラブは五つの特徴を持っていました。

一、授業時間を使ってクラブ活動をする。(放課後利用は禁止)
二、全員履修クラブは、学級、学年を越えて構成しなければならない。
三、児童・生徒は、いずれかのクラブに必ず所属しなければならない。
四、教師は、本務として何かのクラブを指導しなければならない。
五、全員履修クラブは、はっきりと学校教育と位置付けられた。

全員履修クラブの廃止

上の五つの条件を実現するためには、条件整備(施設、設備、指導者)にたいへんなお金がかかります。しかし、そのための費用は最後まで予算計上されないまま、一九九四(平成六)年学習指導要領改正時に廃止されました。全員履修クラブは二〇年間続きましたが、部活動の欠点を是正したクラブ活動を創造できませんでした。

全員履修クラブが無くなったため学習指導要領の特別活動の活動内容は、ホームルーム活動、生徒会活動、学校行事の三つになりました。全員履修クラブ発足以前と同じです。

全員履修クラブの実験的性格

大衆化した新しい高等学校のあり方の視点から見ると、全員履修クラブは 他の教科、科目が模索している「履修、参加、体験」の観点より広い視野を持っていました。教科、科目より実験的な性格を多く持っていたと思います。それは、

一、気楽に参加できる授業という授業観
二、生徒の多様な興味に注目した授業
三、学年の枠を外した授業
四、生徒が参加しやすい授業

などの観点です。

資料　高等学校学習指導要領
（クラブ活動のあった一九七八年版）

特別活動の履修

特別活動は、ホームルーム、生徒会活動、クラブ活動および学校行事からなるものとする。

特別活動の目標

望ましい集団活動を通して、心身の調和のとれた発達を図り、個性を伸長するとともに、集団の一員としての自覚を深め、協力してよりよい生活を築こうとする自主的、実践的な態度を育て、将来において自己を生かす能力を養う。

内容、クラブ活動

クラブは学年やホームルームの所属を離れて共通の興味や関心を持つ生徒を持って組織することを原則とし、次のいずれかに属する活動を行う。一、文化的な活動。二、体育的な活動。三、生産的な活動。

その3　「易しい科目」を作る

教科と科目

高等学校では、教科と科目があります。国語、数学、理科などの教科があり、その教科の中にいくつかの科目があります。理科は、物理、化学、地学などの科目があります。小学校、中学校では、それぞれ少し事情が違います。

日常生活に接近した生活科が誕生

一九九二年から実施された小学校学習指導要領で、一、二年生の生活科が新設されました。そのかわり、理科が無くなりました。（小学校では教科のみで、科目がありません。）

理科、社会科という抽象的な教科は、小学校低学年には理解困難だから廃止して、理科、社会の専門性を避け、日常生活重視の生活科に逃れ、こどもが授業に参加しやすくしている、とも受け取れるのです。

専門性が理解しにくい原因という認識をすて、理解しやすい専門性の確立のために、日本の日常生活を教科に取り入れるという視点で作って欲しいものでした。

生活科への批判として、系統的な知識が身につかない、授業の組み立てが難しいなどがあります。

二〇〇四年には、日本物理学会など物理系三学会が、小学校一、二年の理科を復活するよう中央教育審議会に提言したのですが、これは生活科の専門性に不安を持った批判ではないかと思います。

科目の専門性と日常性の関係

私は、学校教育における教科、科目の専門性は、西洋の学問に依拠していると考えています。

だから、日本の日常性を教育内容に取り入れるほどに、西洋学問からの距離が離れますから、専門性が薄れることになります。

ほんとうは、日本の日常性の上に教科の内容を構築すべきです。

生活科は、教科の専門性の基盤を再構築する視点が希薄だったので、各方面から、摩訶不思議な教科と見られたのではないでしょうか。

高等学校の「易しい科目」

高等学校には、生活科よりずっと以前に、易しい科目が作られていました。

易しい科目とは、私が名付けたもので、低学力で悩んでいる高等学校で採用されることを期待されて、当時新設された科目のことです。

高等学校の教科・理科には、科目として、物理、化学、地学などがありましたが、一九七三（昭和四八）年に基礎理科が加わりました。

さらに八二年に理科一、理科二が新設されました。（同時に基礎理科は廃止）

基礎理科、理科一、二は、易しい理科の科目だと思いました。

わかりやすくするために、易しくするのは難しいことです。下手に易しくすると、かえって理解しにくくなります。

八二年、工業科目でも易しい科目が発足

易しい教科・科目路線は、工業高等学校にも取り入れられました。

一九八二（昭和五七）年の学習指導要領において、工業数理と工業基礎の二つの易しい科目がつくられました。二つとも専門科目です。

理科や、国語などは、工業高等学校の普通教科で、工業高等学校の機械科とか電気科の特徴を持たせる科目に専門科目があります。

工業数理や工業基礎について、私は、やや専門性に疑問があると思いました。導入当時、大阪府の教育委員会の中でも、専門性に疑問を持っていた人がいました。

易しい科目の指導を体験

続いて一九九二（平成四）年に、「課題研究」が作られました。これは、生徒の自主性を尊重した授業の形態持っていました。大学におけるゼミようなものでした。

私は、課題研究で、試行錯誤的に生徒の自主研究を模索しました。私の経験不足で、常に生徒と、べったり一緒に考えることになって、一つの班の指導で手一杯になりました。

生徒たちが自走して、教師は、ポイントで相談に乗る形でなければ、複数班の指導はできません。課題研究のような授業形態は、教師、生徒ともに、たいへん不慣れでした。

易しい科目を評価する

工業高等学校に導入された易しい科目は、検討不足でした。新しい教科を考える夢、視野の広がりに欠けていました。だから、私は易しい教科と呼びたくなったのです。

課題研究については、生活を基盤に、生徒の自主性を尊重する教育ができる可能性を持っていました。しかし生徒の自主性を重んじる授業をするための、財政処置（施設・設備・教員確保など）が不十分であること、など、全履修クラブの「失敗」を繰り返しています。

熱意を持って、もっと多くの国民の議論に付せば、総合的な学習や、能動的な学習に対して肯定的に討議が深まったでしょう。小学校から自主的な勉強をする習慣を養えば、日本の豊かな教育が創造できるでしょう。

その4　ゆとり教育の顛末

二〇世紀の終わり頃、「生きる力」を学力の基準とした新しい学校教育の形を作る教育改革の仕上げの時期に入っていました。

その新しい形の学校教育は「ゆとり教育」とよばれています。文部科学省で担当の中心にいた寺脇研によれば、名付けたのは、マスコミだそうです。

ゆとり教育は、

易しい科目、わかりやすい授業。

習得ではなく履修と体験と参加。

などを、まとめて昇華させた教育です。

ところが、突然巻き起こった学力低下論争が、ゆとり教育の批判となり、さらに学習指導要領批判となって、ゆとりの教育の離陸を妨害しました。（学力低下論争については章末に書きます）

ゆとり教育は、次の学習指導要領では、姿を消しています。

文科省　一五年の討議の結果のゆとり教育

二〇〇〇年に発表された文部科学省「我が国の文教施策のあらまし」に、一五年間にわたる教育内容検討の成果がまとめられています。

「我が国の文教施策のあらまし」の骨子

一、一九八四（昭和五九）年に臨時教育審議会（八話に書きます。）が発足してから、一五年間討議を続けてきた。

二、この間、臨時教育審議会の四次にわたる答申に沿って教育改革を進めた。

三、「生きる力」という学力を目指すことになった。

四、現在の状態は、新しい学力が育つ過程である。学力低下ではない。
五、国民に、文部科学省の教育改革への理解をもとめる。

そして、二〇〇〇年現在の文部科学省の努力の方向については

当省では、現在「心の教育の充実」「個性を伸ばし多様な選択ができる学校制度の実現」「現場の自主性を尊重した学校づくりの促進」「大学改革と研究振興の推進」という四つの視点から思い切った教育改革を進めている。

としています。

できん者はできんままで結構

文部科学省の「生きる力を基準とする学力に変えたい」との考え方は悪くないのですが、説明不足のため不明な部分が多くあります。

「機会不平等」（斎藤貴男・文芸春秋二〇〇〇）には、三浦朱門元教育課程審議会会長の見解が書かれています。

できん者はできんままで結構。戦後五〇年、落ちこぼれの底辺を上げることにばかり注いできた労力を、できる者を限りなく伸ばすことに振り向ける。一〇〇人に一人でいい、やがて彼らが国を引っ張っていきます。限りなくできない非才、無才には、せめて実直な精神だけを養っておいてもらえばいいんです。今まで、中以上の生徒を放置しすぎた。中以下なら「どうせ俺なんか」で済むところが、なまじ中以上は考える分だけキレてしまう。昨今の一七歳問題は、そういうことも原因なんです。国際比較をすればアメリカやヨーロッパの点数は低いけれど、すごいリーダーも出てくる。日本もそういう先進国型になっていかなければいけません。それが、「ゆとり教育」の本当の目的。

という内容です。ゆとり教育への国民の批判を深めた一節です。

三浦朱門元会長の意見は、極言すると「非才、無才の人は考えることは必要なく、ハイハイと従うことが大切だ。」という考え方です。このレベルで「生きる力」を考えているのであれば、国民の支持は得られません。

もう一つ大きな問題があります。

文部科学省が、ゆとり教育を討議していた一五年間に、日本の国家財政は悪化して、教育改革は、財政再建に協力するためのものになっていました。

この三浦発言は、ゆとり教育が安上がりの教育にすぎないことを証明したようになりました。

国民の支持があったともいえるゆとり教育

批判ごうごうの中で、二〇〇二年四月に、ゆとり教育を内容とする学習指導要領が実施されました。

それから三年ほど経過した二〇〇五年三月一五日の朝日新聞朝刊に、ゆとり教育についてのアンケート結果が掲載されました。

ゆとり教育の見直しに賛成するか

賛成　76％

反対　11％

「ゆとり教育という生きる力を育てる教育」に期待するか

期待する　66％

期待しない　27％

同じような調査が毎日新聞でも行われています。三月二八日の毎日新聞によると、

ゆとり教育の評価

評価しない　65％、

評価する　24％、

ゆとり教育の見直しについて

賛成　32％、

反対　20％、

もうすこし成果を見極めるべき　36％

これをどう読むか、難しいのですが、私は、二つの新聞の読者は、ゆとりと学力の両立をはかる教育内容の創造を望んでいると解釈するのがいい、と受け取りました。

朝日新聞調査の「ゆとり教育の見直しに賛成」78％、毎日新聞調査の「ゆとり教育を評価しない」65％、と答えた人が、当時のゆとり教育に反対しているとみることもできますが、その次の設問の結果をみると、違う見方ができます。

朝日新聞の「ゆとり教育という生きる力を育てる教育に期待する」66％、毎日新聞の「ゆとり教育の見直しについて反対する」20％、「もうすこし成果を見極めるべき」36％、と答えた人たちは、ゆとり教育に反対しているわけではありません。

朝日新聞回答者の66％、毎日新聞回答者の56％の人が、ゆとり教育の取りやめを求めていません。

ゆとり教育の考え方が否定されていると考えることはできません。

「生きる力を学力の基準にしよう」という討議に、はじめから国民が参加していたら、その内容も深まり、ゆとり教育は違った育ち方をした可能性があります。

文部科学省の日和見

二〇〇一年四月小泉純一郎内閣が誕生し、文部科学大臣が遠山淳子になったところで、文部科学省が、自ら率先してゆとり教育を是正し始めました。

二〇〇二年一月一七日、それは、ゆとり教育を柱とした新指導要領の実施（四月）の直前ですが、遠山文部科学大臣は「学びのすすめ」を発表し、学力をつけることをおろそかにしないように現場に指示しました。

「学びのすすめ」のはじめには、

本年四月から、全国の小・中学校で、新しい学習指導要領が全面実施されます。新しい学習指導要領は、基礎・基本を確実に身に付け、それを基に、自分で課題を見付け、自ら学び、自ら考え、主体的に判断し、行動し、よりよく問題を解決する能力や、豊かな人間性、健康と体力などの「生きる力」を育成することを基本的なねらいとしています。

と書いていて、「生きる力の学力」をあからさまに否定していません。

しかし、学力低下論争の中で発表された、学習指導要領実施直前の異例の文章であり、従来の学力観を復活させる狙いを持つと受けとられました。

その三ヶ月後、ゆとり路線で構成された学習指導要領が出発しましたが、一〇年後の改定ではゆとり教育路線が消えると、まわりに確信を持たれながらの出発でした。

学校週五日制も巻き込まれる

ゆとり教育の発想の源といわれる臨時教育審議会が第四次答申（一九八七年）に学校週五日制を答申していました。

九二年から、第二土曜が休日となり、九五年には、第二、第四土曜日が休日となりました。

二〇〇二年には指導要領の改訂にともない、完全に週五日制になりました。

この五日制が、学力低下論争に巻き込まれ、授業時間数を多くして学力をつけなければならないという意見が強くなりました。

遠山大臣の後任で、ゆとり教育賛成派の文部科学大臣河村健夫は「授業時数を増やせば、問題が解決するものではない」と述べ、習熟度別授業などによって学力の下位グループに手を打つことこそ重要だと強調しました。

結局、学校週五日制は続いています。

実施状況は、私立高等学校においては土曜日の授業を続けている学校が多く、公立高等学校では、二〇府県が土曜日の授業を認めています。（二〇〇五年調べ）

学習指導要領の性格まで訂正

ゆとり教育を巡る議論の中で、学習指導要領の取り扱いについて重大な変化がありました。

従来、文部科学省は

一、学習指導要領の通り過不足なく教育すべきである。

二、学習指導要領は法的拘束力を持つ。
三、これ以外の教育をすると法令順守の教育公務員の義務に反する。

としていました。

ところが、学力低下論争の中で、二〇〇〇年には、大島理森文部科学大臣が、「新指導要領は教える最低基準を示したもの」という発言をし、波紋が大きかったので、「基礎をしっかりやるという意味」といいかえています。

二〇〇二年には、遠山敦子文部科学大臣は、「学びのすすめ」の中で「最低基準としての学習指導要領」と明言しています。

文部科学省の現在の見解は、

学習指導要領は、教える最低基準を示したものであり、学習指導要領が学力低下を招いているという批判は当たらない。

法的拘束力などについては変更なく、朝日新聞（〇六年一二月二五日朝刊）に、ゆとり教育の中心的存在だったといわれる寺脇研（元文部科学省審議官）の談が掲載されています。

指導要領に法的拘束力があることは、要領から逸脱した高校教師の懲戒免職処分を最高裁が九〇年に適法として以来、常識だ。

ゆとり教育を葬った学力低下論争

次の学習指導要領では、ゆとり教育はなくなりました。学力低下論争は、ゆとり教育を葬りました。

その学力低下論争は、一九九八年六月に発行された「分数ができない大学生」（東洋経済新報社、西村和雄、戸瀬信之、岡垣恒治）に対する反響から始まりました。

しかし、考えてみてください。

大学進学率が上昇し、二〇〇〇年で四五％超、〇七年で五〇％超です。

加えて大学入試を多様化し、AO入試一芸入試など学力テスト無しで、入学を許可することもあります。

そもそも、学力以外の要素で入学を許可している

「大学生の学力低下」は意味をなさないともいえます。

また、大学生の学力低下は、以前からあちこちで指摘されていたことです。

どういうわけか、この時期に論争は大きくなり、しかも出発点の大学教育の論議から離れて、学校教育での学力低下論争になりました。

学力とは何かを論じない学力低下論争

学力低下論争において、学力低下を問題視する論者は、「分数ができない大学生」の例や、二〇〇四年末に公表された経済協力開発機構（ＯＥＣＤ）の国際的な学習到達度調査（ＰＩＳＡ）で、日本のこどもたちの成績が悪かったことを、学力低下の根拠としました。

文部科学省は、論争以前から「生きる力」を基準として学力を定義としたいとしていました。

両者は、お互いの意見交換の中から、あたらしい学力の形を出すべきでしたが、それを素通りし、ゆとり教育をめぐる攻撃と防御に終始したため、学校教育改革の神髄へ向う教育内容の論議がカットされました。

ゆとり教育が立ち消えるとともに学力低下論争も消えました。「ゆとり教育」は一〇年間実施されましたが、その可否は今後明らかにされるでしょう。

「ゆとり教育」ではなく「生徒が学ぶ学校」へ

この第７話の冒頭に、落ちこぼれが社会問題化したことを書きましたが、同じ頃（一九七〇年頃）には、つめこみ教育が非難されました。その頃の国民には、「勉強ばかりしていてもだめだ」という漠然とした感覚があり、「つめこみはだめ」と考えられていたと思います。

ところが、高度経済成長期から、学校教育が「受験対策」として論じられるようになり、それとともに学校教育に絶対的信頼観が持たれるようになりました。

これは、「学校の勉強をしておれば、いい上級学校に進級でき、いい就職に出会える」という信頼感で、現実的な感覚といえます。

逆に、学校教育が「いい就職に出会える」だけの一本足の案山子であることは、危うい存在になったのだと言えます。

二一世紀初頭の、ゆとり教育攻防論戦の終盤には、ゆとり教育反対論者の一部は、もっと授業時間を増やさなければならないと主張しました。一本足の案山子の危機を意識しない「つめこみ教育必要説」です。

一方、ゆとり教育に関する新聞のアンケート結果では、国民が、学校教育には考慮の余地があると考えています。学校の教育内容が、健全な国民の感覚である広角度の視野を取り入れた討議に深まることを期待します。

ゆとり教育は、ネーミングも悪かったと思います。「つめこみ教育」を意識したのでしょうが、「学力を二次的に考える」イメージがあって国民が賛成しにくかったと考えます。「生徒が意欲を持って学ぶ学校」をイメージできる名前であれば、意見がまとまりやすいのではないでしょうか。

ゆとり教育論争には、今まで以上に広い範囲の人が参加しましたが、国民的討論の土俵が十分出来上がっていません。議論の波が何回か押し寄せるうちに、その土俵ができることを期待します。

第8話

教育基本法の改正

日本の教育が積み残しているもの

その1　教育基本法の改正

政府は、二〇〇六年四月二八日、教育基本法改正案を閣議決定し、国会に提出しました。この時の首相は小泉純一郎でした。

小泉純一郎首相は、〇六年、郵政改革法案が成立した時点で首相を辞職し、同年九月二六日に安倍晋三首相が就任し、〇六年一二月に継続審議とされていた教育基本法が改正されました。

教育基本法改正という重大な案件を提出した首相が、成立までの間に辞職するのは奇異な感じですが、前年に行われた衆議院選挙は、郵政民営化選挙といわれる選挙だったことに起因するものです。

〇五年八月、郵政民営化法案が参議院で否決され、その結果を不満として、小泉純一郎首相は衆議院を解散しました。その衆議院選挙で、連立与党である自由民主党と公明党が議席を増やし、衆院の三分の二以上の議席を確保しました。

その結果、郵政民営化法案は可決され、これを花道として、小泉首相は首相を辞職したのです。参議院の議決結果で、衆議院を解散したところに、やや無理があり、この無理が尾を引かないように配慮したと思われます。

教育基本法改正の次は憲法改正？

二〇〇五年に、自由民主党が憲法改正第一次素案を発表しました。

これだけ議席数があれば、憲法改正もできます。マスコミは、この政権が、教育基本法を改正し、憲法改正もするだろうと流れを読んでいました。

こういう雰囲気の中で、教育基本法改正案が可決され、〇六年一二月二二日公布・施行されました。

〇七年五月一四日に「日本国憲法の改正手続に関する法律（憲法改正国民投票法）」が成立しています。

ところが、〇七年七月に、参議院議院の任期満了にともなう選挙が行われ、民主党が参議院野党第一党となり、一方与党自民党は、過半数を維持できませんでした。ここで、憲法改正の雰囲気は無くなりました。

落ち着いた感じの新教育基本法

改正された教育基本法は一八条あります。

初代基本法は一一条です。

前文と一条を読んですぐ感じるのは、新教育基本法の落ち着いたニュアンスです。新法は、「既にでき上がった民主的で文化的な国家を発展させる」と落ち着いています。

初代教育基本法の条文には、「これから民主主義国家をつくろう」という高揚した気持ちがあふれていました。旧法が成立した頃は、敗戦にともなう社会の混乱と、戦争が無くなった安堵感、将来への希望などが混在した時期でした。

日本人がはじめて見る教育基本法は、日本人がはじめて体験する民主主義の考え方によって書かれていて、すべてが新鮮でした。当時、前文や、第一条に書いてある「人格の完成」、「平和的な国家及び社会の形成者」、「真理と正義を愛し、個人の価値をたっとび、勤労と責任を重んじ、自主的精神に充ちた心身ともに健康な国民の育成」など、たいへん刺激的な言葉でした。

日本国憲法も旧教育基本法も、条文の単語が旧社会にたてつくような語感を持っていましたが、国民は、それを嫌わず、ひどい戦争に付き合わされた思いから、新しい日本の建設への期待を持っていました。

当時小学校低学年だった私は、憲法や初代の教育基本法の「人気」を覚えています。

第二条は妥協を感じさせる

二条（教育の目標）をみると、まず、新法の条文が長いことに気付きます。多くの観点を羅列していますので、多様な意見に妥協したという印象です。

二条一項を例にとりますと、「学問の自由を尊重しつつ達成する」内容として、「豊かな情操と道徳心を培うとともに健やかな身体を養うこと。」が書かれています。豊かな情操、道徳心、健やかな身体と、学問の自由に相関があるでしょうか。

無理に語句を詰め込んだためにわかりにくくなったという印象です。学問の自由という尊厳のある言葉が軽くあしらわれているようで、がっかりします。

二条全体にこうしたわかりにくい雰囲気があり、それが、多くの意見を詰め込んでまとめる際の欠陥と見られます。国民の意見がしっかりしていないと、時の政権の勝手な解釈を呼び込みそうです。

旧法の第二条は、簡素な記述ですが、戦争中の日本で認められなかったことが並んでいて、学問の自由を尊重するためには、民主主義国家の一員として、自発的精神を養い、文化の発展に寄与しなければならない。それが平和的な国家のために必要なことだと、国民が強く共感を持ったのでした。

持続可能な社会に向けての教育基本法改正にすることができたのに

安倍晋三首相は、二〇〇七年七月に「美しい星五〇」を発表しました。その内容は、

二〇五〇年までに、世界全体の温室効果ガスの排出量を半減させることを目標として、革新的技術の開発と、環境に調和したライフスタイル・社会システムづくりに日本が積極的に取組み、その成果を「日本モデル」として世界に発信すること。

などです。これは、八月のドイツ・ハイリゲンダムで行われたG8サミットで発表しています。

そんな重要なことを思いつきで言うわけがなく、以前から政府が検討していたと考えるのが普通です。

この日本モデルを創造することは、持続可能な社会の日本版を考えることであり、それに向けての教育を考えるチャンスです。〇六年の教育基本法改正の時に、持続可能な社会のための教育を基本に考え、それを熱く語る法に改正するべきでした。それであれば、教育基本法の改正の意味が理解できたのに、残念です。

資料　新旧教育基本法　前文、一、二条

新教育基本法前文

我々日本国民は、たゆまぬ努力によって築いてきた民主的で文化的な国家を更に発展させるとともに、世界の平和と人類の福祉の向上に貢献することを願うも

のである。我々は、この理想を実現するため、個人の尊厳を重んじ、真理と正義を希求し、公共の精神を尊び、豊かな人間性と創造性を備えた人間の育成を期するとともに、伝統を継承し、新しい文化の創造を目指す教育を推進する。

旧教育基本法前文

われらは、さきに、日本国憲法を確定し、民主的で文化的な国家を建設して、世界の平和と人類の福祉に貢献しようとする決意を示した。この理想の実現は、根本において教育の力にまつべきものである。

われらは、個人の尊厳を重んじ、真理と平和を希求する人間の育成を期するとともに、普遍的にしてしかも個性ゆたかな文化の創造をめざす教育を普及徹底しなければならない。

ここに、日本国憲法の精神に則り、教育の目的を明示して、新しい日本の教育の基本を確立するため、この法律を制定する。

新教育基本法

第一条（教育の目的）

教育は、人格の完成を目指し、平和で民主的な国家及び社会の形成者として必要な資質を備えた心身ともに健康な国民の育成を期して行われなければならない。

旧教育基本法

第一条（教育の目的）

教育は、人格の完成をめざし、平和的な国家及び社会の形成者として、真理と正義を愛し、個人の価値をたつとび、勤労と責任を重んじ、自主的精神に充ちた心身ともに健康な国民の育成を期して行われなければならない。

新教育基本法

第二条（教育の目標）

教育は、その目的を実現するため学問の自由を尊重しつつ、次に掲げる目標を達成するよう行われるものとする。

一、幅広い知識と教養を身に付け、真理を求める態度を養い、豊かな情操と道徳心を培うとともに健やかな身体を養うこと。

二、個人の価値を尊重して、その能力を伸ばし、創造性を培い、自主及び自律の精神を養うとともに、職業及び生活との関連を重視し、勤労を重んずる態度を養うこと。

三、正義と責任、男女の平等、自他の敬愛と協力を重んずるとともに、公共の精神に基づき、主体的に社会の形成に参画し、その発展に寄与する態度を養うこと。

四、生命を尊び自然を大切にし環境の保全に寄与する態度を養うこと。

五、伝統と文化を尊重し、それらをはぐくんできた我が国と郷土を愛するとともに、他国を尊重し、国際社会の平和と発展に寄与する態度を養うこと。

旧教育基本法

第二条（教育の方針）

教育の目的は、あらゆる機会に、あらゆる場所において実現されなければならない。この目的を達成するためには、学問の自由を尊重し、実際生活に即し、自発的精神を養い、自他の敬愛と協力によって、文化の創造と発展に貢献するように努めなければならない。

その2　男女平等

男女共学

旧教育基本法ができるまで、男女別学でした。「男女七歳にして席を同じくせず」と言われてました。

明治政府は、男女の役割を分け、男子は社会の前線で働くもの、女子は、家庭で「良妻賢母」として、男子の後ろを支えるものと定めました。

学校教育は「富国強兵」「殖産興業」のために行いますが、それら教育の目的に対する男女の役割が違うために、男女別学で教える必要がありました。

小学校では、男女とも校舎は同じものでしたが、教室は別々でした。中学校になると、男女の学校は違う敷地に建っていました。男子は、旧制中学校に、女子は高等女学校に通いました。

男女別学があたり前の時に、突然、憲法に男女平等が、教育基本法に男女共学がうたわれたのです。その法文には「熱い文言」がきらめいて見えました。教育基本法の第五条にある「男女は、互いに敬重し、協力し合う」という文言ですら刺激的で熱いものでした。

今日、普通のことが書いてあるように読み取れます。

旧教育基本法第五条

男女は、互に敬重し、協力し合わなければならないものであって、教育上男女の共学は、認められなければならない。

日本国憲法には「性別で差別されない」

日本国憲法（一九四七、教育基本法より先に制定）には、日本で歴史上はじめて「性別で差別されない」と明記されました。

これも感動をともなう条文でした。

第一四条（法の下の平等）

すべて国民は、法の下に平等であって、人種、信条、性別、社会的身分または門地により、政治的又は社会的関係において差別されない。

「婚姻は両性の合意」と明記

さらに憲法二四条には、「婚姻は両性の合意のみに基づく」と書かれました。

この考え方は、家庭についての日本の伝統的考え方に合わない、と日米の憲法討議の場で、日本側が執拗に反対した条文です。

結局、二四条として残りました。

憲法二四条（家族関係における個人の尊厳と両性の平等）

婚姻は両性の合意のみに基づいて成立し、夫婦が同等の権利を有することを基本として、相互の協力により、維持されなければならない。

男女平等への期待と反感

明治時代、世界的に女性蔑視、女性差別が存在しました。しかし、明治国家のそれは、どこの国にもまして強いものだったようです。

男女平等の概念は、日本社会に新しい社会がくるのだと熱い期待を集めると同時に、根強い反発も集めました。

大問題であった男女平等を、新教育基本法では第二条の三項に、陳列棚に置くようにさりげなく書かれています。

いまでも日本の男女平等は未完成なのに

教育基本法で熱く語る必要がなくなったのは、日本の男女平等はもう完成してしまったから、と考えてしまいますが、ほんとうは未完成です。

国連が、日本の男女平等が未完成であることを指摘しています。

国連の女性差別撤廃委員会（CEDAW）が、「日本の女性差別撤廃条約」の実施状況を審査し、〇九年七月、男女平等の遅れの現状を厳しく指摘しました。二〇〇三年にも、この委員会から、同じことを指摘されていました。

日本政府は、国連の指摘を無視していたことになります。新教育基本法は男女平等について理由なく楽観的だといえるでしょう。

改善しておれば、それを新教育基本法（〇六年改正）に反映することができたのですが。

資料　国連女性差別撤廃委員会の総括所見（二〇〇九年分要約）

膨大なので、一教育に関係するところ、二所見の冒頭の部分を引用します。（アジア女性資料センターのホームページから）

一　教育の語を含むもの

教育

教育基本法が改正され旧五条が削除されたことに懸念を表明、教育における男女平等実現のため、ジェンダー平等の条項を再度取り入れることを真剣に検討するよう日本政府に求める。非伝統的領域における女性の教育・キャリア機会を拡大すること、第三次男女共同基本計画において、大学教職における女性割合を現行の二〇％から引きあげ平等を達成するよう勧告。

ステレオタイプ

女性の人権に対する政府内の「バックラッシュ」に懸念を表明。メディアや教育における男女の役割に対するステレオタイプを取り除くため、教科書の見直し等の取り組みを行うこと、また、公人による女性差別発言の頻発や、女性を性的対象とするポルノグラフィー、メディアにおける女性差別表現に対する政府の取り組みを求める。

二　所見冒頭部分

主要な懸念

条約のすべての条項を系統だてて実行するという政府の義務を果たすよう、あらためて求める。

前回の勧告

二〇〇三年の審査で勧告された事項が、十分に取り組まれていないことを遺憾とし、前回の勧告実行を求める。

差別的法規

男女で異なる最低婚姻年齢、女性のみに課せられる再婚禁止期間、選択的夫婦別姓、民法その他法規における婚外子差別などの差別的規定が、前回勧告を受けたにもかかわらず、いまだに改正されていない。世論を言い訳にせず、条約上の義務に従って即座に行動すべき。

条約の法制化

女性差別撤廃条約が、法的拘束力をもつ重要な国際人権法であることを、日本政府は認識すべき。条約のすべての条項を国内法制に迅速に取り入れること、法律家や公務員が条約への理解を深め実践するよう啓発を行うことを求める。また選択議定書の批准を検討するよう勧告。

差別の定義
国内法に女性差別の定義が欠けていることを改めて懸念、条約一条に基づく差別定義を迅速に取り入れるべき。

その3　持続可能な社会に目を向けない学校教育

公害、地球環境問題について、学校教育は大変関心が低いのです。これは体質のようになっていますので、少し詳しく書きます。

公害、地球環境問題に鈍感な学校教育

明治の教育創成期、公害に関する企業倫理を修身（道徳教育）に書きませんでした。

公害に関する関心や、企業において公害を起こさないという道徳心を教育にセットしなかったことは重大なミスです。

太平洋戦争が終わった時には、日本は文字通りの焦土でしたから、そこに煙突が立ち、煙をはくと、復興のシンボルのように頼もしく見えました。戦後の教育も、殖産興業路線・生産性向上を重視し、公害について無関心でした。

一九六〇年代、太平洋戦争後の経済的な危機を乗り越え、国民の生活水準が上がってきた頃、公害被害が大きくなり、その反対運動が全国的に高揚しました。

公害反対運動に対して、政府・地方自治体・企業は、スクラムを組んで強圧的に対応しました。それは今から想像することもできないひどいもので、公害反対運動は犯罪行為のようにあつかわれました。

この時期、大きな公害である水俣病が発生していま

す。一九五〇年代初め、水俣市住民に奇病が認識されました。チッソ付属病院長細川一が、五名の水俣病患者を保健所に報告した五六年が公式発見日です。政府が、工場排水と水俣病との因果関係を公式に認めたのは、六八年九月です。

一九六六（昭和四一）年に中央教育審議会が答申を出しました。その別記である「期待される人間像」は新しい道徳教育案ともいうべきものでしたが、ここにも、公害に対する視線はなく、企業倫理も書かれていません。

公害反対運動が盛んなころ、民間団体や一部教員の自主的な取り組みで、公害教育が行われましたが、教育内容への反映は不十分でした。

資料　中央教育審議会答申「後期中等教育の拡充整備について」別記「期待される人間像」目次

一九六六（昭和四一）年

まえがき

第一部

当面する日本人の課題

一、現代文明の特色と第一の要請

二、今日の国際情勢と第二の要請

三、日本のあり方と第三の要請

第二部

日本人にとくに期待されるもの

第一章個人として

一、自由であること

二、個性を伸ばすこと

三、自己をたいせつにすること

四、強い意志をもつこと

五、畏《い》敬の念をもつこと

第二章家庭人として

一、家庭を愛の場とすること

二、家庭をいこいの場とすること

三、家庭を教育の場とすること

四、開かれた家庭とすること

第三章社会人として

一、仕事に打ち込むこと

二、社会福祉に寄与すること
三、創造的であること
四、社会規範を重んずること
第四章国民として
五、正しい愛国心をもつこと
六、象徴に敬愛の念をもつこと
七、すぐれた国民性を伸ばすこと

環境にたいする文部科学省の感覚

文部科学省は、政府の姿勢を反映して、公害には距離を置いていました。

沼田真環境教育学会初代会長は、一九九〇年、「日本環境教育学会の発足に当って」と題した同学会の発足のあいさつの中で次のように書いています。（環境教育 Vol.1-1）

一九七〇年代の文部省特定研究「科学教育」（代表者・大塚明朗博士）の中で「環境教育」の研究班をつくり、その後総合研究で、小、中、高校、大学、大学院を対象とした学校教育の面での環境教育の方法論やカリキュラムの検討を行った……文部省の「生物教育と環境教育」（代表者・田中隆荘）に関連して、環境科学と環境教育の方法、概念、とくに学際的にどう組織化するか、自然教育、自然保護教育などとの関係などをも検討した。この間、学校における環境教育の必要性をのべた要望書を文部省の関係課などにとどけたことがあるが、反公害運動と誤解されたのか、大変な拒否反応で、そういうものをもちこんで平地に波乱をおこさないでくれといわれて唖然としたものである。その後一九七五年であったか、せめて環境教育の指定校を設けるように申しいれたが、これも実現せず、環境教育後進国の状態がずっとつづいて今日に至った。

社会は公害に反対

一方、社会一般の公害に対する関心は非常に高く、それは当時の各種の選挙に反映されました。

公害反対の願いをこめて、各地に革新首長が誕生しました。革新首長とは、当時の革新政党の日本社会党、日本共産党が共同で推薦した知事・市長などのことです。一時期、日本の三分の一の人が、革新首長のもとで生活しました。

一九七〇年一一月に開かれた第六四回国会（臨時国会）は、公害国会の通称で知られています。公害関連一四法案が成立しました。

この時、それまであった公害対策基本法の「経済との調和条項」が削除され、

国民の健康で文化的な生活を確保するうえにおいて、公害防止はきわめて重要である。

とされました。

一九七一年には、環境庁が発足しました。

資料　経済調和条項（削られた部分）

第一条第二項　前項に規定する生活環境の保全については、経済の健全な発展との調和が図られるようにするものとする。

資料　公害国会で可決された公害関連一四法案

新規の法律

公害犯罪処罰法、公害防止事業費事業者負担法、海洋汚染防止法、水質汚濁防止法、農用地土壌汚染防止法、廃棄物処理法

改正された法律

下水道法、公害対策基本法、自然公園法、騒音規制法、大気汚染防止法、道路交通法、毒物及び劇物取締法、農薬取締法

小学校指導要領指導書（教師向け解説書）の記述を変更

公害対策基本法の「経済調和条項」が削除されたので、小学校指導要領指導書（指導要領の教師向け解説書）の記述が変更されました。

旧小学校指導要領指導書には

　産業公害の問題を扱うといっても、企業を悪者として糾弾させることが目的ではない。

と記述されていましたが、新指導書では

　公害防止が国民の健康を保護し、生活環境を保全するためにきわめて大切であることを理解させる。

となりました。

　社会科の教科書には、水俣病、四日市喘息、イタイイタイ病などが記載されました。近年、中央教育審議会の答申は、環境問題に目を向けるようになっています。

地球環境改善のため教育全体を見直す世界の流れ

　一九七二（昭和四七）年、国連人間環境会議がストックホルムで開催され、記念すべき「人間環境宣言（ストックホルム宣言）」が出されました。

　その宣言は「人は、科学技術の加速度的な進歩により、自らの環境を無数の方法と前例のない規模で変化させる力を得る段階に達した。」との見解を持ち、世界的な規模で環境破壊が行われていることの是正を訴えています。

　同じ年に、ローマクラブという組織が、マサチューセッツ工科大学に依頼してまとめた報告書が、「成長の限界」のタイトルで発表されました。

　その内容は、コンピュータを使ったシミュレーションにより、資源、環境などの要因のために、経済成長がいつまでも続かないことを証明していました。

　一九八七年に、国連「環境と開発に関する世界委員会」が、報告書「我ら共有の未来」において、持続可能な開発の概念をはじめて公表しここに、地球環境を討議する土俵ができました。

　一九九二年には、リオデジャネイロで、「環境と開発に関する国連会議」がもたれ、「環境と開発に関するリオデジャネイロ宣言」と、行動計画「アジェンダ21」が出されました。

　「アジェンダ21」の「教育、意識啓発及び訓練の推進」の章には、持続可能な開発と教育を関連つけて記述してあります。

> 教育は持続可能な開発を推進し、環境と開発の問題に対処する市民の能力を高めるうえで重要である。
>
> 環境と開発の問題やその解決へのかかわりについて公衆の感受性を高め、環境に対する各自の責任感や持続可能な開発に向けての、より大きな動機づけや約束を助成していく必要がある。

テッサロニキ会議

環境破壊を巡る教育の分野での討議は、国際連合が中心になって行ってきました。

一九九七年に、テッサロニキ会議が行われました。正式名称を「環境と社会に関する国際会議・持続可能性の教育と意識啓発」といいます。

この会議では、アジェンダ21の考えに沿って、持続可能な社会のための教育を創造しようと提言しています。

この会議で、はじめて、教育の会議が持続可能な社会を考慮するようになり、教育の再構築をすることを視野に入れることになりました。

> 持続可能性を達成するために、消費と生産パターンの変化を含む急速で抜本的な行動とライフスタイルの変化の中において、多くの重要なセクター内で、取り組みの大がかりな調整と統合が求められている。このために適切な教育と意識啓発が、法律、経済および技術とともに持続可能性の柱の一つとして認識されるべきである。
>
> 持続可能性に向けた教育全体の再構築には、全ての国のあらゆるレベルの学校教育.学校外教育が含まれている。持続可能性という概念は、環境だけではなく、貧困、人口、健康、食糧の確保、民主主義、人権、平和をも包含するものである。最終的には持続可能性は道徳的、倫理的規範であり、そこには尊重すべき文化的多様性や伝統的知識が内在している。

日本では四〇年前の「ベオグラード」「トビリシ」

テッサロニキ会議を受けて、日本の教育も洗い直しする必要がありますが、文部科学省は、持続可能な社会に対する教育を創造する観点を持たず、環境教育を重視しています。

環境教育の立脚点は、国連のベオグラード会議（一九七五）やトビリシ会議（一九七七）です。

これらの会議が持たれた頃は、地球規模の環境問題が世界的に認知され出した頃で、多くの人に世界的な規模での環境破壊を認識してもらおうと、「問題に気付き、関心を持つ」ことを基本に環境教育が大切であると訴えています。

三〇年以上前の地球環境問題に比べると、今日の地球環境問題は、大きく悪化しています。残念なことに、今は地球環境問題を教えてもらわなくても実感できるようになりました。

文部科学省は環境問題に関する思考が消極的です。持続可能な社会のための教育の創造をも阻んでいます。

多田富雄東大名誉教授の謝罪の心

一九九〇年代、環境破壊の速度を極端に速めた世代の教師が、環境破壊の被害者といえる世代の生徒を教えました。「加害者」の教師が、被害者の生徒に、「環境を良くしなければならない」と、教えるという奇妙な状態です。

教育関係者は、公害発生に自分たちの責任は無いと考えています。

それは許されるとしても、公害発生と同時期に自分たちがかかわっていた教育の責任を意識せず、「公害を発生させた教育」を反省する気持ちをまったく持たないのはどうかと思います。

その中で、貴重な発言を見つけました。

二〇〇八年六月二八日の朝日新聞朝刊に多田富雄東大名誉教授が、「自然・伝統　生きる原点に」という文を寄せています。

老い先短い身ですから、次の世代に助言したいことを述べます。まず、私たちは子や孫の世代に謝罪しなければならないと思います。私たちの世代が、この星の上に残した負の遺産は、彼らの生存をさえ危うくしているからです。

たとえば、私たちが一代で消費したエネルギーは、それまで人類が使ったエネルギーの総量より大きい。その膨大な消費がつくり出した二酸化炭素は、救いようもなく地球環境を破壊してしまった。子や孫たちは、その借金を返しながら、生き延びねばならないのです。

との書き出しで、

経済至上主義、成長神話の考え直し、新しい価値観の構築。そのためには、観測を誤らない目を養うことが必要。自然（生命）と伝統を生き方の原点に据えたらどうか、

と、「私たち一代」の責任を自覚し、次世代に謝罪し、生き方の変更を考えるべきことを書いています。

私は、大学の先生が、子や孫の世代に、自分たちが謝らなければならないと発言しているのを、この文で初めて見ました。

持続可能な社会の教育について世界のレベルも高くないけれど

地球温暖化問題を考えると、日本だけがその原因を作っているのではありません。また、教育の改革が日本だけ遅れているわけでもありません。

現在、世界各国の教育がテッサロニキ会議の期待するレベルには達していないのです。

ところが、西洋諸国には、原子力発電所の増設をやめるとか、風力発電や太陽光発電を増やすとかの努力をしている国が少なくありません。これは、西洋諸国の教育に地力が備わっている証拠だと思います。地力の正体は、現実を直視する力です。

日本の教育は、日本の日常に関心を持たず、現実を認識することを避けているため地力がつかないと思います。

第9話

学校教育の新しい教育内容を考える

その1　技能教育のすすめ

歴史始まって初の「技能のない社会」を迎える

日本歴史が始まって以来、国民が技能を持たない時はありませんでした。時の為政者は、人の持つ技能を重要視し、技能集団を厚遇していました。

私の住んでいる地域には、古い時代の渡来人の技能集団が作った氏寺が多くあります。これらの寺を見て、東アジアの広い範囲で、各国「政府」の必要度に応じて、トレード制度があったのかなと想像します。

近世になっても、江戸時代、明治、大正と街の中に技能を持つ人々が充満していました。昭和にもその伝統は続きました。

ところが、今日、日本歴史上初めての国民の技能枯渇の危機に直面しています。

その原因はいろいろ考えられますが、根本原因は、明治政府が「大工より学者がえらい」という制度を作ったことにあります。

長年日本で保存育成して来た技能を軽く見ることにつながり、学校教育からは、技能の教育が欠落しました。

空気を無価値なものと思うように、明治政府は、技能の大切さを見逃しました。以後の歴代政府は、その欠陥に気付かないので、今日の個人の技能の衰退を招きました。

技能は人の頭を鍛える

私の技能教育のすすめは、学校教育から、不当に排除されている技能教育の名誉を回復し、学校教育の中で普通に取り扱おうという主張です。

人の能力を幅広く認め、幅広くのばして行く総合的な人間教育を目指しています。

「技術」の語を使わず「技能教育のすすめ」としたのは、その方が「腕を磨く」という感覚に近いからです。

はじめに技能は、理論的な頭脳を作るためにも必要であることを説明しておきます。

西堀栄三郎は、京都大学教授のときに初代の南極越冬隊長を勤めました。戦争中東芝時代には、物資不足の中で作れる真空管を開発しています。「本を読むだけでなく、足や手を使って学んでこそ、応用力のある知識が得られる」というのが口癖でした。

江戸中期の大学者である三浦梅園の学問の方法は観察重視で、「足下の術」と名付けられたものでした。西堀栄三郎の「手や足を使って学ぶ」のは、梅園の系統、つまり日本にすでにあった観察重視の姿勢を受け継いだものです。

二〇〇八年にノーベル賞を受賞した下村脩博士も西堀博士と同じような発言をしています。

いわば常識だといっていい考え方ですが、学校教育では、それより書物による教育が重く見られています　これは学校教育の欠点なのです。

科学の出発点に技能があった

「科学史年表」（小川慶太中公新書、二〇〇三）に、

実験について、もうひとつ言及しておくと、それに必要な装置や器具の製作の問題がある。一七世紀当時、そうした品々が一般に売られていたわけでは、もちろんない。

自然にわけ入る目的で工夫を施した特殊な品など、市販されているはずもないからである。当然のことながら、実験を行いたいと考えた人間が、その都度、自分でデザインし、たいていの場合、自ら手を汚しながら試行錯誤を繰り返し、必要な道具をつくったわけである。ガリレオも然り、ニュートンもまた然りであった。

と書かれています。ガリレオ、ニュートンなどがどの程度自作したかわかりませんが、他人に作らせていたとしても、頭の中に実験装置をイメージする必要があり、それは、自分の技能をまったく持ち合わせてない人にはできません。

技能と頭脳は、それぞれ単独では存在できません。

野口英世博士は顕微鏡技能に秀でていた

野口英世博士は、アメリカのロックフェラー財団で業績を上げました。この時の指導者であるフレクス

ナー博士は、野口英世の顕微鏡技術を高く評価しています。

動物から資料を取り出し、顕微鏡で見て細菌を発見するまでに、いろいろな技能が発揮されますが、野口博士はそれらの技能に秀でていました。

野口英世は、優秀な頭脳が優秀な技能に支えられていた典型的な人です。

技能があってアポロが飛ぶ

一九六一年四月一二日、ガガーリンを乗せたソ連の宇宙船「ヴォストーク一号」が衛星軌道に乗り、人類初の有人宇宙飛行に成功しました。

世界の人々は驚愕しました。

これに対抗して、アメリカは月面に到着する目的を持ったアポロ計画を作り、大統領ケネディは、六〇年代に必ず月に人間を到着させるとアメリカ国民に約束しました。

一九六九年七月、宇宙飛行船アポロ一一号が人類史上初めて月面に着陸しました。その様子は全世界にテレビでライブ上映され、世界中でみんなが感激しました。

さて、このヴォストークにせよ、アポロにせよ、打ち上げが成功したのは、科学の成果だけではありません。

技能が高くないと成功しません。

技能の領域で少しの油断があると、ロケットの打ち上げに失敗します。ロケットの打ち上げは、少なくとも半分は技能の成果です。それなのに、一〇〇%科学が賞賛されました。

この熱すぎる科学賞賛を教育に持ち込まないことが大切です。

理論が理論を生む話

「実験が科学的理論を生む」のではないという考え方もあります。

その例として、オームの法則で有名なG・S・オームが「被害」を受けた逸話をあげられます。

ドイツ近代哲学の偉人ヘーゲルは「精神的な思考を積み重ねて理論が導かれるべき」と考えていました。

これは、書物からの知識を重視し、理論から新しい理論が生まれるべきという考え方です。

オームが実験を繰り返し、一八二七年に、「オームの法則」を発見しました。

しかし、ヘーゲルの理論が全盛の時代だったので、ヘーゲル派に、「実験から得た法則は邪道」と否定されました。

一方、経験主義哲学の本場イギリスで、オームの法則の実用性が認められ、電信施設の設置などに多く活用されたので、ドイツでもやっと「理論は、実験から考えてもよい」ことが認められました。

一五年かかり、オームは科学者として認められました。

明治政府は学校教育で「正式な技能」を教えた

明治国家の技能教育軽視は、国家の性格です。工場生産に関係ない技能について関心を示していません。

学校で教えるべきとされた技能は、工業の立ち上げに必要な職業技能でした。しかし、それ以外に、明治政府が教育内容に取り入れた技能がいくつかあります。その一つが、西洋型の歩き方です。学校教育の体育、教練などで教えました。

江戸時代の人は、歩き方が現在の日本人とは違い、ほとんど手を振らないで歩きました。着物がくずれず長距離を歩いても疲れないといわれています。現在、「ナンバ歩き」と名付けられている歩き方です。

しかし、走れない歩き方なので、西洋式軍隊には不適な歩き方とされ現在の歩き方が正式とされたのです。

さらに、裁縫などの技能も、学校教育で教えられました。家庭内での仕事の技能ですが、家事、作法などとともに、女子の正式なあり方（良妻賢母）として位置づけられたから取り入れられたのだと思います。

すわり方は、正座が正式と決められ、学校で教えられています。

矢田部英正（武蔵野身体研究所主幹）によると、武家茶道の正式なすわり方は「立て膝」でした。「正座」は、明治一五年発行の「小学女子容儀詳説」に、はじめて書かれていたそうです。

「正式」以外の日本の技能は多くありましたが、それは学校教育ではなく、家庭や地域社会が教育していました。

明治政府の技能教育は、いずれも政府が考える「正式な人間像」のための教育であり、個人の技量を上げる視点で内容が考えられたとはいいにくいものです。

生産の機械化と技能軽視の助長

一九六〇年代、人手に頼っていた工場作業が、「機械まかせ」の方向に「発展」を始めました。

それまでの機械の発達は、化石燃料のエネルギーを動力系に取り入れることでしたが、この時期にオートメーション（機械の自動操作）が発展しました。

大量生産のために、熟練工をたくさん作ればよさそうなものですが、養成のために時間と費用がかかり、雇用そのものが生産コストを押し上げるので、機械化によって大量生産を達成することが選ばれました。

オートメーションはあくまで大量生産向けの技術です。経済のあり方との相関で考えるべきです。

しかし、オートメーションの発展期に、「そのそも人の作業は機械が行う作業に劣る」と広く信じられました。

意図的に宣伝されたのかも知れませんが、技能の教育不要論のような風潮を生み、微妙に教育内容に影響しました。

技能の保存

オートメーション以後、発展途上国の経済発展とともに、国際的価格競争の時代を迎え、工場を海外に移転させる企業が増え、国内工場の数が減りました。こうした経済の成り行きで衰退する人の技能を、人工的に保存する動きがあります。

国レベルで、現存する熟練工の技術をデジタル技術で保存する作業がされています。このような形態の技能の保存が、その技能の将来の発達に寄与するものか疑問です。

会社レベルでは、退職前の熟練工が中堅の技能者に技能伝達を行っています。人から人に伝えるのは有意義なことですが、少ない人数による伝達では、厚みにかけます。

一方で、熟練技能者を定年後も雇用して、新人を養成しない会社もあります。

大量生産　イノベーション　技能

大量生産方式の発展と裏腹に、個人の技能は縮小しているのですが、無くなってしまうと大量生産方式は維持できません。

大量生産は、売れるものを作るために、日々新しい「商品」が必要で、その商品開発に、イノベーション（技術革新、新機軸）が必要です。

イノベーションのための研究開発にも技能が必要です。

私の考える持続可能な社会ばかりでなく現在の経済体制でも、学校教育に技能の教育は必要なのです。

大量生産方式は、資源・エネルギーを効率悪く使用するので、このままの形で、存在し続けることはないでしょう。といって、明日の経済の形を簡単には予想できません。

どのような経済であっても、人の技能が必要であると考えるのが間違いの少ない考え方です。人の技能は必要であるという認識を持ち、学校教育の内容を創造する時に、生きて動いている経済の変化から、どういう技能の教育が必要かを見いだすことが必要です。常にカットアンドトライで学校教育内容を創造することが必要です。

教育界は鈍感、国民の参加が必要

教育界は、他の社会に比べて足もとの変化を見ることが不得手であり、国家的規模での技能の喪失についての危機感も希薄です。

日々の変化を敏感に感じている国民が討議に参加することにより、技能の教育を、日本の経済の構想とともに考えられるようになります。

個人の技能は、個人の尊厳の源です。国民が日本の伝統である百工の職芸を持ち、自信にあふれて生活する形を持続、発展させるために、技能の教育を勧めます。

学校教育にはどっしりとした技能の教育を

現在学校教育の中に、技能教育がひっそりと存在する状態です。

小学校低学年の教育は、就学前から親が幼児にしていた技能教育の延長で教育をしています。高学年になるほど、技能の教育を離れます。

中学校以上では、完全に「理論中心の教育」になります。学校教育として期待されている本道が「理論中心の教育」であるわけです。小学校の技能教育は、「理論中心の教育」にたどり着くまでの準備教育としての位置におかれています。

私は、理論の教育が検討不十分であり、「教科書を教える」だけになっていると考えています。ですから、「教科書を教える」つまらない教育のために、技能を教える大切な教育が道を譲ってしまっていると、見えてくるのです。

小学校で技能教育が、どっしりと自信を持って存在すると、小学校教育全体が落ち着くような気がします。

今、技能として何を考えるか

学校教育で、技能の教育を「取り入れる」時に、明治政府が考えた工場生産のための技能だけを視野に入れるのでは不十分です。

職業的技能以外に、技能と考えられるものの一部をあげておきます。順は不同です。

作る＝作物を作る、物を作る。

動作＝スポーツ、仕事、段取り、組織、観察、指導。

読む＝文字、文、行間、他人の気持ち。

かく＝文字、文、主張、外国語、思っていること、思想、広告、プレゼン、絵。

計算する＝算数、数学、利害、将来展望、企画。

話す＝夢、人との付き合い、思っていることを話す、思想を話す、データーに基づく話、議論。

つきあう＝他人の気持ちをくむ、だます、だまされない、すかす、リードする、バカにされない。

技能の教育を将来に残すべきです

現在の学校教育は、内容創造の力が萎え、その中で学ぶ魅力に欠けています。

学校教育は就職支援システムとして、国民に存在を許されているにすぎません。その存在許可理由も、大学、高等学校卒業生の就職が次第にむつかしくなっている状況では、足もとが崩れています。

グローバル経済が、行き詰まっているように見えますが、これは人を見ず、金の動きだけで経済を運営していこうとするからだと考えます。

経済の基盤はマネー（お金）ではなく、人の能力です。教育は、社会の基盤、経済の基盤が人であることを腹に据えて、人の持つべき力に力点を置いて創造するべきです。

技能の教育は絶滅寸前になっています。技能の教育のすすめは、学校教育の再構築のすすめでもあります。

その2　生産側視点から消費側視点へ

明治国家と正反対のブータンの「維新」

明治維新に一五〇年近く遅れ、今、ブータン国が興味深い「維新」をしています。

ブータンは中世的な社会から、現代社会に脱皮する際に、「国民総幸福」を指標に選びました。

このブータンの「維新」の舵取りをしたのは、王家四代のジグメ・センゲ・ワンチュック国王（二〇〇八年五一歳で退位）です。「国民総幸福」とは、国民総生産をもじって、ジグメ・センゲ・ワンチュック国王が作った造語です。

その国民総幸福ですが、イギリスのレイチェスター大学エードリアン・ホワイト教授は、二〇〇六年に世界幸福地図を発表しました。

一番デンマーク、二番スイス、三番オーストリアと続き、アジアのトップはブータンで、世界全体（一七八ヶ国）では、八位です。日本は九〇位にすぎません。ホワイト教授は小さな国、人口の少ない国の幸福度が高い傾向にあると見ています。

国民総幸福という考え方は、貧乏国の強がり思想ではなく、世界の潮流が国民総生産に変わる国家経済の尺度を探している今日、注目に値する考え方です。

日本の将来を持続可能な福祉社会として

国民が将来の日本国をイメージすると、日本国憲法に照らして、民主主義、平和主義、文化的な福祉国家などが、共通理解となるでしょう。

ブータンの「国民総幸福」的な日本社会を共通理解とすることもできます。

おおむねそういう方向の持続可能な社会を、日本社会のあり方だとして、学校教育を、「持続可能な社会のための教育」として整備することを考えます。

学習指導要領方式では変化する社会に適応できない

現在の学習指導要領方式は、一〇年ごとの改訂を経て、よい教育に近づこうとしています。

過去に教育が完成していて、現在の人がじっくり考えて完成形に近づこうとしている形です。

七話で少し学習指導要領に触れましたが、文部科学省は、この一〇年ごとのじっくり考える改定にも意欲を失っているように見えます。

国民の意見を受けて教育内容を作り変えるには、絶え間の無い修正が必要でしょうから、一〇年無修正の学習指導要領方式は限界に来ていると思われます。

教育内容の中に潜在する殖産興業遺伝子を取り除く

国民的教育討論に先立って、個人的に新しい教育内容を考えようと思います。

その出発点で、「明治教育に潜在する殖産興業遺伝子を取り除いた教育内容」を考えようとしましたが、それはどういうものかを定義できませんでした。

次に、「生産側の視点から作られている教育内容を、消費側の視点で作り直す」と考えてみました。

それも難題ですが、なんとか手掛かりを得ることができそうです。

消費者側の視点は、企業人も持つ視点です。一般の人の日常生活における消費を基盤としても考えられるので、ここに手がかりを求めました。

教育における生産側視点の弊害

公害、環境問題に関して、教育が社会に先行する意識を持ってもよいのですが、社会より一歩遅れている現状です。

教育が、公害予防・防止の視点を持たず、したがって有効な教育をしないために、社会は、発生した公害発生を止められないし、公害発生を未然に防ぐこともできませんでした。

これからの教育は消費側視点に立って

教育内容を消費側視点で作ると道が開けます。

一、消費者の意見が教育にとどけば、教育は公害や地球環境に対する認識を高めるでしょう。

二、教育が消費側視点を持つことにより、教育の内容創造について、国民、消費者が考えやすくなります。

三、消費側視点で足もとから考えることにより、明治政府が作った学問の格式が無意味になります。そのあとに、ほんとうに人のためになる学問の姿が見えてくるでしょう。

この時の教育内容を次のように考えます。

一、義務教育では、消費者としての一般人の知識、技能の習得をめざす。

二、高等学校では、生産とそこにおける消費活動を考える内容を含む。

三、大学以上では、「持続可能な社会のための科学、技術の創造ができる人材養成」を教育内容とする。

その3　電気の教育は「生産側の視点」を持つ

一八七八年（明治一〇年）、トーマス・エジソンの電灯照明会社が発足しました。この時を世界の電気産業の出発点とすることができます。

日本では、一八八六年に東京電灯（後の東京電力）が発足しています。電気事業は、世界とほぼ同時に出発しているのです。

大阪では道頓堀に、一八八四年にアーク灯が点灯、八六年には大阪紡績（後の東洋紡）の工場内に白熱電灯が点灯しました。

第一次世界大戦以後、工場の動力源は、蒸気から電気へ切り替えられ、モーターが工場生産の主役になります。

電気事業が始まった頃、学校教育も立ち上げの努力中だったのです。電気の教育は、とりわけ殖産興業路線の教育内容を取り入れることになったでしょう。「産業のための電気」、「電気の生産」を強く意識して教育内容を組んでいると考えられます。

電流の教え方を反省

私は工業高等学校の電気科の教師をしていました。あるとき、知人が「電流がわからなかったから理科系に進学することをやめた」と突然いいました。

「電流がわからない」ことが、するどい感性として印象に残り、自分を振り返りました。

私は、学校で生徒として教えてもらったことを教師として間違いなく教えていたつもりでしたが、改めて考え直すと、電流の教え方を含め、自分の知識の曖昧さに気付かされ、はずかしく思いました。


私が電流を教えていた方法は、「ピンポン球教授法」と、「川の流れ教授法」です（便宜上私が命名しました）。

ピンポン球教授法は、電気回路を水ポンプの閉回路に見立てて、水の代りに「ピンポン玉」を詰めた図により、電流の説明を行います。つまり、数珠玉のように「ピンポン球電流」が並び、数珠をまわすように電流が流れるイメージで説明するわけです。

川の流れ教授法は、電気回路を一筋の川のように考えます。そして、川が流れるイメージで、電流も電位の高いところから低いところに流れる、と説明する方法です。

私はほとんど疑問を持たずに教えていましたが、改めて考えるといろいろおかしいのです。疑問を持ち始めてから少し調べましたが、これらは定番ともいえる教え方でした。

このような説明で生徒が得た電流のイメージは将来の役に立ちません。それどころか、交流、三相交流などの知識が増えて来た時に、そのイメージがたいへん邪魔になるでしょう。しかし、私はこれに代わる教え方を思いつきませんでした。

学習指導要領では、小学校三年から電気を教えるが、その目標が難しすぎる

電気の教育の入り口について学習指導要領はどのような考えを持っているのでしょうか。二〇〇二年版の学習指導要領では、電気の教育を小学校の三年生からはじめます（理科は、小学校三年からの教科です）。

習う内容についての記述を見ると、電池と豆電球、モーターなどを使って、電気・磁気・光を同時に習い始めます。

電気と磁石の関係を調べ、光・電気・磁石の性質を知り、さらに電気回路についての見方や考え方を持たなければなりません。

習い始めにしては、難しすぎると思いませんか。この学習指導要領は、ゆとり教育批判を受けていて、「やさしすぎる学習指導要領」とされています（数学で使う円周率πは3・14でもいいが、3だけでもよいとしているので非難を受けました）。

その一方で、電気の学習の入り口がこのように難解なのです。

資料　小学校三年理科の学習指導要領二〇〇二年版の目標

光、電気及び磁石を働かせたときの現象を比較しながら調べ、見いだした問題を興味・関心をもって追究したりものづくりをしたりする活動を通して、光、電気及び磁石の性質についての見方や考え方を養う。

内容（目標を少し具体化した記述）

乾電池に豆電球などをつなぎ、電気を通すつなぎ方や電気を通す物を調べ、電気の回路についての考えをもつようにする。

乾電池と豆電球で電気回路を教えるのはなぜか

電気を習い始めたこどもに、電気の回路についての考えを持つように指導するのは適切ではないと思います。百歩、いや千歩ゆずって、それはやむを得ないとしても、電気回路を乾電池と豆電球という非日常的な回路によって教えはじめるのは大変おかしいことで

す。

電気回路とは何かというと、電源と負荷を電線でつなぎ、電流が流れるようにしてある「一回りの電気の通路」をいいます。部屋のコンセントに電気ストーブのコードの先についたプラグを差すだけの簡単な操作で、電気回路が形成されます。

簡単に、実生活に使われている電気回路が作れるのに、なぜ学校では、電池と豆電球で、複雑でちゃちで、しかも実際的でない電気回路を作るのか、教える側がなにか勘違いをしているのではないかと思います。

乾電池と豆電球コンビが続いている

二〇一〇年実施の小学校学習指導要領の理科の目標、内容は、工夫された書き方になって、光、磁石、電気が独立して書かれています。

電気については「電気の通り道」というタイトルで、旧学習指導要領に比べて、単純化されていて、改善されています。

この指導要領は、ゆとり教育をやめ、学力を向上させることを指向していますが、この部分ではすこしやさしく、わかりやすくなっています。

「乾電池と豆電球」は、二〇一〇年でも引き続き使用されています。

資料　二〇一〇年版小学校理科の目標

物の重さ、風やゴムの力並びに光、磁石及び電気を働かせたときの現象 を比較しながら調べ、見いだした問題を興味・関心をもって追究したりものづくりをしたりする活動を通して、それらの性質や働きについての見方や考え方を養う。

理科の内容

乾電池に豆電球などをつなぎ、電気を通すつなぎ方や電気を通す物を調べ、電気の回路についての考えをもつことができるようにする。

（ア）電気を通すつなぎ方と通さないつなぎ方があること。

（イ）電気を通す物と通さない物があること。

その4　消費側視点を持って電気を教えること

消費側の視点に立てば「電気の能力」に注目を

電気には、電圧、電流、電力、電流と磁界など、教えなければならないことがたくさんあります。それをランク分けして、低位のから順次教えられるといいのですが、縦横に関連しているので、ランク分けがしにくく、そこに教授法の難しさがあります。

どうすればきちんと電流を教えられるのか、その答えを、生産側視点、消費側視点を取り入れて探ってみようと思いました。

消費側視点を持って教育内容を作るとすると、「電気の能力は何か」「どうすれば使いこなせるか」を頭に浮かべるのではないでしょうか。生産現場で、工場の電気を利用する人も、家庭で日常的に電気を使う人も、それが、必要な電気の知識です。

電気の能力として教えるべきことは、「エネルギーを運ぶ能力」と考えました。

通信情報においては、「エネルギーを運ぶ能力」を、少し広く考える必要がありますが、この説明の延長上で説明して行けると考えます。

はじめからあれこれ手を広げず、「エネルギーを運ぶ能力」に絞って教えることにより、電圧・電流・磁気・電気回路・光を同時に教える複雑さを避けられるでしょう。

電気入門の時期に、電流の正体について、こだわって教える必要はなく、せいぜい電力に触れるくらいの教え方でいいのではないでしょうか。

念のために書いておきますが、現在の方法で、教師が熱心に電流を教えても、学ぶ側は電気回路にどのように電流が流れているのかイメージを持てていません。

生徒として最終コーナーにいる高校生も、多くの人は電源から負荷にエネルギーを供給していることを認識できません。電気嫌いの人もけっこう多いのです。

コンセントと電気ストーブで電気に入門しよう

交流電気の方が日常的ですから、わざわざ電池（直流）と豆電球という非日常的な入門をする必要はありません。

「電池と豆電球」の電気回路による教育では、こどもたちが配線の複雑さに気を取られて、

三、電源（エネルギーを送り出す）
四、負荷（エネルギーを使用する）

を理解することまでに至りません。

部屋にある一〇〇ボルトのコンセントと電気ストーブなど使って、電気の能力、電気の使い方を教えることから入門する方法ですと、ストーブのプラグをコンセントにさして、これで電気回路できると説明できます。（一九四七年頃の文部省は、私と同じような考え方をしていました。うしろに書きます）。

こどもたちは、電源と負荷について直感で納得しやすいし、日常生活に役に立ちます。電気ストーブの熱は、直感的に電気の働きとして受け入れられます。

電気を通すもの通さないものについては、電気の安全の指導とともに行えます。

地球温暖化の防止のためにも、エネルギーに関心を持つ意味で、この入門方法に、合理性があります。

学習一時限目に電源と負荷を意識させよう

電気初対面の一時限の授業で、コンセントの「向こう」には発電所があることを説明します。

発電所にあるエネルギー源（化石燃料、水力、原子力など）のエネルギーが、手元のストーブに送られてくる、その不思議な現象が、電気の仕事であることをこどもたちに印象つけます。

エネルギーは、概念が難しいので、深入りしません。

すべて、こどもたちにとって、直感的にわかりやすい範囲で授業をします。「電源」、「負荷」は、必ず意識させたい部分です。

学習二時限目以後に教えること

社会見学などで発電所を見学することは、比較的簡単にできます。学校の窓から、配電線が見えますし、

場合によっては送電線が見えます。

実際の電力設備を見せながら、送電線、配電線は三本の電線が基準になっていることを教えておきます。

電流が、二本の電線を通って流れる印象を与えないほうがいいでしょう。豆電球と電池を使うと、この印象が強くなりすぎます。

こどもたちに電気についての常識が育ってきてから、電圧・電流・磁気の関係を教えます。

教授時間の短縮になり、こどもにゆとりを持たせながら、豊かな電気知識を持たせられます。

教えることを箇条書きにします。

一、電気は、電源と負荷両方がないと動作できない。
二、コンセントに、プラグをさすことが電気回路を作る「配線」であること。
三、コンセントに電気ストーブをつなぐことによって、電源（コンセント）から負荷（ストーブ）へエネルギーが伝わること。その逆はないこと。
四、電気の取り扱い上の安全について。

この方式の指導者の注意点

電気の入門として、ストーブを使うのは、教えることを電力一つに限り、学ぶ側の混乱が少なくし、将来の理解が深まることを期待するものです。

「できないものに、それなりの教育」という思想を持ちません。

教え方の順序の変更により、教える側の、電流・電圧にこだわる常識を変え、かつ、電気の教育体系を、電気の正体に拘泥せず、電気の働きを基本にします。

電気に関わらず、どの教育分野でもエネルギー基本にする方がいいと思います。

私の提案に似ている
一九四七年の学習指導要領試案理科指導法

一九四七（昭和二二）年には、学習指導要領の法的規制力が、ことさらに意識されておらず、これを基準にして、教育現場で工夫すればよいという考え方でした。この学習指導要領案理科では、小学校一年生から電気に触れ、エンジンやモーターなど実用的なものを、まずこども達に意識させています。

コード・ソケット・電球・電燈など身近なものから、こどもの電気に対する興味を引き出そうとしています。

生徒たちの話し合いが、授業として重要視されています。

一九四七年小学校の理科の学習指導要領案

一年　単元四　機械と道具のはたらき

五、人・動物・エンジン・モーター等の力で動かす機械を観察する。又は絵で見る。（電車・自動車・飛行機・汽車・荷車・馬車・牛車・自転車など）

六、電気モーター・扇風機・電車等電気で動くものを観察する。

三年　単元四　機械と道具のはたらき

電気

一、懐中電燈の構造を調べてみる。

二、蓄電池で豆電球をともしてみる。

三、停電の回数、不便等について話しあう。

四、電気コンロ・電気ストーブを見たりその便・不便、使用上の注意について話しあう。

六年　単元八　電燈　(一)　指導目標

一、コード・ソケット・電球の構造と、電気の伝わり方やはたらきについて理解し電燈の取り扱い方を心得る。

二、電気の現象に興味を感じ、電気について深く究めようとする態度を養う。

その5　単位を考えてみる

生産側視点を持っていると考えられる単位について考えてみます。

いろいろある単位の換算を間違いなくできることは、学力の一つです。しかし、それは必要最小限の範囲でいえることで、わけもなく複雑な単位系をそのままにして、その換算能力をこどもに要求する必要はありません。

国民全体が必要な単位、産業現場で必要な単位をよく考え、教育に使用する単位を整理し直す必要があります。

メートル法は定着に八〇年かかった

長さの単位はメートルです。これが定着するまで、長い時間がかかっています。

日本政府は、一八八五（明治一八）年、メートル条約を批准しました。

一八九一年に、度量衡法を改正しメートル法と尺貫法と併用することにし、一九〇九（明治四二）年にはさらにヤードポンド法も認めました。

一九一〇年のこどもたちは、これだけの単位をとり扱っている教科書で勉強していたのです。複雑な単位になった理由は、輸出先の工業規格への配慮です。

しかし、第一次世界大戦後、日本の工業生産は飛躍的に上昇し、生産上、メートル法、ヤードポンド法、尺貫法と複雑な単位が手足纏いになり、一九二一（大正一〇）年に、また度量衡法を改正して、メートル法のみとし、尺貫法などを廃止しました。

一九六六（昭和四一）年、土地建物について尺貫法が廃止され、ここでやっと、メートル法が完全実施されました。およそ八〇年経過しています。

一九九一年から学校では国際単位系を使用

一九九一年から、学校教育で使用する単位は国際単位系（ＳＩ）です。ＭＫＳ単位系（メートル、キログラム、秒）の新しい呼び名です。

この変更により、それまで使用していたＣＧＳ（センチメートル、グラム、秒）単位系を、ＳＩ単位系に書き換えました。

変更例

磁束密度の単位、ガウス（G）がテスラ（T）に

気圧の単位、ミリバール（mb）がヘクトパスカル（hPa）に

容積の単位、ccがミリリットル（ml）に

熱量の単位、カロリー（cal）がジュール（J）に

なぜセンチメートルなのか

ところが、小学校で習う長さの単位には、今でも、

センチメートルが含まれています。

ＳＩ系では、倍量、分量を示す単位が認められています。

長さでは、メートルが基準です。三桁大きい単位（倍量）がキロメートル、さらに三桁大きい単位のメガメートル（ほとんど使われない）があります。

また、三桁小さな単位（分量）はミリメートル、さらにマイクロメートルです。

センチメートルは、三桁ずつ刻む分量のリズムからはずれています。

なぜ、ＳＩ系に完全に変更しなかったのでしょうか。（１cmは10mmと読み取るべきです。）

長さの単位としてセンチメートルを使うＣＧＳ単位系は物理学に適していて、昔の論文は、この単位で書かれています。学習指導要領は、おそらく「昔の偉大なcm」に決別できないのです。センチで教育を受けた大人たちに、混乱を与えるからcmを残したのではありません。ccという単位はmlになり、dlは無くなりましたが、大人の世界で混乱はありませんでした。

エネルギーの単位は

エネルギーの単位については、学校教育では、ジュール（Ｊ）を使用しています。これはＳＩ単位系です。

しかし、一般生活を考える場合メガジュール（ＭＪ）を単位としてもいいのに、学校教育では、たいへん小さなジュールを用いています。これも、実験室向きですが、日常生活無視の単位です。

学習指導要領作成者の意識が、実験室重視の方向（日常生活軽視の方向）にあることの証明として、

一、電池と豆球から電気を教え始める
二、小学校でセンチメートルを使う
三、ジュールという単位の採用

などを当てることができます。

電気、ガス、ガソリン、灯油などエネルギー源として認識できる単位にするほうがよい

実際社会の「エネルギーの単位」は複雑なままです。業界の取引の単位がそのままなのです。

家庭では、ガスは立方メートルあたりの料金、電気はキロワットアワー単位あたりの料金、ガソリン、灯油はリットル当たりの料金になっています。小口の商取引では、エネルギーを売買している意識が無いのかもしれません。

エネルギーの単位を使うと、電気、ガス、ガソリン、灯油などをエネルギー源として意識するようになるでしょう。

消費者側で考えると、電気、ガス灯油などを、エネルギーの単位に統一して料金を示せば、使用と費用の関係を把握しやすく、使用エネルギーを削減する意欲につながりやすいでしょう。

日本では経産省レベルで、エネルギーの「消費が美徳」の考え方が強く、エネルギー使用を減らす視点が希薄です。

エネルギー使用を減らせば地球温暖化対策としても有効です。

エネルギー販売単位をＭＪに

電気、ガス、灯油、ガソリンの販売単位を、すべてメガジュール（ＭＪ）に統一することを考えます。

まず、電気、ガス、灯油、ガソリンについて、エネルギー単位（ＭＪ）当たり価格を計算してみます。

電気とガスの場合、実際の価格は三ヶ月毎に価格改定します。また、使用量により価格設定が異なります。

私の家庭の、関西電力と大阪ガスの年間料金（〇九年、一〇年二年間）をそれぞれの年間消費量（単位ＭＪ）で割ってエネルギー単位あたりの料金を計算しました。

ガソリンは一リットル一二〇円
灯油は一八リットル一二〇〇円
として計算しました。

それぞれ1ＭＪあたりの価格は、
電気料金、六・二円
ガス料金、四・七円
ガソリン、三・五円
灯油、　　一・八円
となります。

風呂を沸かすのに電気とガスのどちらが安いか

風呂を沸かすことを考えてみます。

損失が無いとして、二〇〇リットルの風呂水を三〇度上昇させるのに、約二五メガジュールの熱量が必要です。

その計算

１リットルの水を１℃温度を上げるのに４・２ＫＪ（ジュール）必要ですから

４・２×２００×３０＝２５・２００（ＫＪ）

＝２５（ＭＪ）

電気、ガスの１ＭＪあたりの料金がわかっていますから、簡単に計算できます。

電気なら１５５円（６・２×２５）

ガスなら１１８円（４・７×２５）

普通の家庭ならガスを使えば、電気の四分の三の費用で風呂を沸かせます。

これは効率一〇〇％というありえない状態での計算ですから、実際の風呂わかしでは、その風呂の効率によって電気が得か、ガスが得かが決まります。

消費者は、ガス風呂と電気の風呂の効率を知りたくなります。

料金の単位をメガジュールにするだけで機器の効率まで考えることにもなります。

エネルギーの単位を考えましたが、実生活と密着して整理することで、学校教育において、こどもたちの視点が変わることが期待できます。

将来生産活動にたずさわるこどもたちがエネルギーに対して、より明確なイメージを持つようになる可能性を感じます。

単位について考えてみるだけでも、学校教育の内容に意外に大きな影響を与えるのではないでしょうか。

参考　各エネルギー源の一単位は何ＭＪか

都市ガス一立方メートル＝４１・１ＭＪ

電気一キロワットアワー＝３・６ＭＪ

ガソリン１リットル　＝３４・６ＭＪ

灯油１リットル　＝３６・４ＭＪ

第10話

国民が教育を考えるシステム

その1　国民の声の反映の方法

文部省が教育内容を考える理由

一八九〇（明治二三）年、明治政府は、小学校令の改正時に、「文部大臣が小学校の教則大綱を決める」、と条文化しました。

政府要人のあちこちから、教育に口出しするのを防ぐためだったでしょう。

以後文部大臣が学校教育の内容を決め、設置については市町村が考えるシステムが今日まで続いています。

資料　明治二三年小学校令

第一二条　小学校教則ノ大綱ハ文部大臣之ヲ定ム
　府県知事ハ小学校教則ノ大綱ニ基キ其府県ノ小学校教則ヲ定メ文部大臣ノ許可ヲ受クヘシ

公選教育委員会が国と世論をつなぐはずだったが

一九四七年の教育改革で作られたシステムでは、旧教育基本法に書かれた「国民全体に直接責任を負って行う」ために、公選の教育委員会が用意されました。これを早々とやめたので、戦後の教育改革のシステムに国民の声の反映が不十分になりました。

審議会による国民の意見の反映

今日、文部科学省または大臣は、国民の意見、要求をふまえて、「大綱」を定める必要があります。

その方法はいくつかあります。

一つは、審議会方式です。

文部科学省に限らず、あらゆる省庁に審議会があります。

二〇〇五年二月二七日の朝日新聞朝刊に、「審議会下部に八六三機関」という見出しで、中央省庁の審議会の下にある会議は八六三あり、委員の総数は一万六二一二人、兼務が四割と報道されています。

常識になっている審議会形式ですが、それを主催する組織の意見が優先するので、国民の意見をくみ上げる方法として欠陥があります。

教育を考える場合、文部科学省の官僚が作業にあたりますが、作業にとどまらず、結論を誘導する可能性があります。長い討議の末、審議会のまとめをしますが、官僚の作文の作業は、結論を微妙に左右します。討論以前の問題として、官僚が委員の選定をしますが、選定基準が審議会の結論を左右します。

審議会が、何回も継続して行われる場合、過去の会議の結論との一貫性を保つために、官僚の舵取りが不可欠です。

規制改革・民間開放推進会議の委員を委嘱された渡辺美樹ワタミフードサービス社長が、株式会社が学校運営に参加することについて、反対意見を述べ、辞任を迫られました。次の記事（朝日新聞）があります。

朝日新聞記事

辞任を求めた推進会議室長河野栄総務省公営企業・財務担当審議官は、方針は前の会議で決まっていたから、「賛成の立場で補佐してもらうのが専門委員。あえて違う意見の方を入れる必要はない。」としている。

タウンミーティング方式による反映

タウンミーティングは、アメリカ発の意見集約方法ですが、小泉純一郎首相の時に、国レベルで試行されました。おそらく審議会形式の弊害を取り除いてほしいと思う国民の意識を念頭にもって企画されたと思われます。

ところが、これも国民の意見を集約できませんでした。

二〇〇六年九月二日に教育基本法改正などをテーマに行われた「教育改革タウンミーティング　イン　八戸」で、開催前に内閣府が青森県教育庁を通じ、教育基本法改正に賛成する趣旨の質問をさせるように工作したこと、二〇〇四年一一月二七日の大分県別府市の「教育改革タウンミーティング」では、大分県教育委員会の職員四人が、一般県民になりすまし、賛成の意見を述べたことなどがわかったのです。

その他の「やらせ」の事例

二〇〇三年一二月一三日の岐阜県岐阜市。
二〇〇五年五月一五日の愛媛県松山市。
二〇〇四年一〇月三〇日の和歌山県和歌山市。

パブリックコメント（意見公募）による反映

一九九九（平成一一）年三月、「規制の設定又は改廃に係る意見提出手続」が閣議決定され、国民の意見集約方法として、パブリックコメントを求める方法が正式に認められました。

文部科学省関連でも、課題によっては、パブリックコメントを求めています。しかし、寄せられた意見を公平にまとめるのは難しく、結局官僚が意見の取捨選択を判断することになります。

教育問題全般をパブリックコメントの方法にゆだねるのは難しいといわなければなりません。

意見書、声明、陳情による反映

個人、団体が自分の考えを、意見書、声明などにまとめ、公に展示したり、関係官庁に陳情と言う形式でわたしたりする方法がありますが、これも、採択を官僚の意思に依存するので、国民全体の意思を反映する方法としては適していません。

選挙による反映

ダムを造ることに例を引くと、国民の意見、要求を施策に反映するために、審議会、公聴会（タウンミーティングを含む）、パブリックコメントなどの方法を併用しています。これは教育の場合と同じです。

意見を聞いた後、議会の議決を得て、ダムを造ると決定することになりますが、地域の住民の意思と、議会の決定が食い違うことがあり、その場合、デモや座り込みなどの実力行使や、選挙による決着がとられることがあります。

教育は「中立性」を大切にしているので、こういう直接圧力をかける意見反映の方法はとっていません。

大日本帝国の時代に、政権の思い通りに教育が改革されて、戦争遂行のために利用されたという反省から、日本国では、政権と教育に距離をおく意味で、教育の中立性が必要と考えられました。中立性は大切な視点です。

旧教育基本法一〇条に、教育は不当な支配に服することなく国民全体に直接に責任を持って行われるべきものと書かれています。

教育基本法には一六条に教育の中立性の記述「不当な支配に服することなく」の文言があります。

教育基本法　第三章教育行政

第一六条

一、教育は、不当な支配に服することなく、この法律及び他の法律の定めるところにより行われるべきものであり、教育行政は、国と地方公共団体との適切な役割分担及び相互の協力の下、公正かつ適正に行われなければならない。

二、国は、全国的な教育の機会均等と教育水準の維持向上を図るため、教育に関する施策を総合的に策定し、実施しなければならない。

三、地方公共団体は、その地域における教育の振興を図るため、その実情に応じた教育に関する施策を策定し、実施しなければならない。

四、国及び地方公共団体は、教育が円滑かつ継続的に実施されるよう、必要な財政上の措置を講じなければならない。

旧教育基本法　第一〇条（教育行政）

教育は、不当な支配に服することなく、国民全体に対し直接に責任を負つて行われるべきものである。

その2　国民の声を教育施策に反映させる方式としての議会

議会で教育を討議する可能性

教育問題を落ちついて議論できて、今よりも国民の声を生かせる方法を、現在の諸システムから選ぶと、議会で討議することが一番いいと思います。

しかし、議会は議決を前提とした機関であり、議論で勝負するようになりがちで、教育の討議になじまない性格を持ちます。「五五年体制」の民主主義は未熟でしたので、議会討議が、院内での乱闘、審議拒否、牛歩戦術など「討議のパフォーマンス化」し、結果として国民の真剣な討議を排除する役割を果たしました。

議会で教育討議をするのであれば、教育の中立性をそこなわない配慮をすることや、教育を政争として扱わないこと、早急な議決による決着を避けることなど、注意深い工夫が必要です。

その上で、議会で教育内容についても討議できるようにすると、教育論議に活性が出ると思います。

学校教育の内容と議会の関与

教育基本法一六条二項を再度書きます。

> 国は、全国的な教育の機会均等と教育水準の維持向上を図るため、教育に関する施策を総合的に策定し、実施しなければならない。

この条文は、教育内容を国が定めるとした根拠かどうか、微妙です。

「教育に関する施策を総合的に策定」することが教育内容を定めることを含むのでしょうが、明治二三年以来の慣習の後押しを受けている印象です。

とにかく実際には、文部科学大臣が教育内容を学習指導要領で定めています。文部科学大臣の恣意が強くなりすぎないように、中央教育審議会に諮問し、その答申を得て、一〇年ごとに学習指導要領を改訂します。

しかし、学習指導要領は、省令ではない（省令に準じている）ので議会の承認を必要としません。

時の政権が教育内容を決めていることになり、教育の中立性に鑑みて合理的ではありません。教育の内容は、その時代の人々の日常生活に立脚し、将来を展望して定めて行くべきですから、議会が関与したほうがより民意が反映すると考えられます。

地方議会が決めた高等学校増設が教育内容の変更を迫った

一九六〇年代末、国民の教育要求として、進学問題が社会問題化しました。地方議会は、義務制学校の整備、高等学校の増設など討議し、普通高等学校が全国に大量に作られました。

地方議会は、普通高等学校増設しか議論していませんが、増設の結果は、一気に高等学校の教育を大衆化することになり、それ以前のエリート養成を意識した高等学校の教育内容の変更を迫りました。

小中学校の場合、はじめから全員入学を前提とした教育内容にしていますから、増設が質の変化をもたらすことはありません。

文部科学省は、高等学校への進学率の上昇と、大衆化した高等学校の教育内容を結んだ討議や、イメージつくりが不十分なまま、今日に至っています。

高等学校の新しい形を作りきれないのは、現行学校教育を考えるシステムの限界とも考えられます。

教育内容を国民が考えるシステムを

二十世紀終わりころまでは、世論の形成は、まず政党（自民党、社会党）が政策を示し、労働組合や、国民がそれに呼応する形でした。最近は、世論が自立傾向にあります。

また、従来専門家のみに討論参加資格を認めていた分野にも、市民が参加しています。

司法には、裁判員制度など市民参加のシステムができました。

河川改修などは、国土交通省の専門家が考えることでしたが、四国吉野川第十堰、関西の淀川流域ダムなど、いくつかの河川改修に市民が参加しています。

教育世論は、まだ自立の必要性すら自覚されていません。この自覚が広がることが、ほんとうの学校教育改革のスタートとなるでしょう。

教育を議会で考えることに加えて、教育委員会も公選にして、風通しをよくするべきです。

試行錯誤を重ね、日本に合った方式を編み出して行きたいものです。

エピローグ　真剣な地球環境問題認識の時代が始まる

首相が、地球温暖化ガスの削減を世界に約束するようになりました。

安倍晋三首相（二〇〇七年）
「美しい星」構想で、二〇五〇年に五〇％減
福田康夫首相（二〇〇八年）
二〇五〇年に八〇％減
鳩山由起夫首相（二〇〇九年）
二〇二〇年には、地球温暖化ガス排出を一九九〇年比で二五％削減する

などです。前の二つは、あまり知られていませんが、鳩山首相の「二五％」が発表当時、物議をかもしました。安倍、福田両首相があげた、二〇五〇年（＝遠い将来）の数値は見過ごされ、一番謙虚な数字をあげたにもかかわらず、鳩山案は二〇二〇年期限だから嫌われたわけです。しかし、世界的な地球環境改善の世論の中で、鳩山案に近い数字が検討されています。二〇一五年四月段階では、政府内で二〇三〇年までの削減目標を二五％程度とすることで、最終的な調整を進めています。

いろいろ不整合なことはありますが、千鳥足ながら、「持続可能な社会のための教育」を考える土壌が形成されつつあると考えます。

紙面が尽きるので最後になりますが、持続可能な社会へ力を合わせる新しい時代の学校教育の道徳はどうあるべきか、いくつかのポイントをあげておきます。

一、世代間倫理＝資源やエネルギー源を現世代が大量に使用し、次世代にゴミ（核燃料廃棄物を含む）を残すことに対する倫理観。
二、環境に対する倫理＝環境を破壊しないという従来から存在する倫理観。
三、資源、エネルギー使用の倫理＝大量使用は良くない。
四、人間を大切にすること＝人権意識、人格を大切に

することと。
五、民主主義を大切にすること＝資源枯渇などに際し、強いものが勝つ倫理観によるのでなく、民主主義によって配分できること、欲望を我慢できる民主主義。
六、平和の尊重＝資源を巡る国家間の武力紛争を押さえる。

後記

二〇一一年夏、「明治を薄め江戸に学ぶこだわりの教育改革論」を印刷・製本しました。疲れはてましたので、見るのもいやになりましたが、四年たって、やや元気を取り戻しましたので、読み直し、前回気がつかなかったゴミを払い落とし、かなり大幅に修正しました。ただし、二〇一一年以後の情勢の変化を細かく追うことはできていません。

修正原稿は、せせらぎ出版の山崎亮一社長に共感していただいて、出版する運びとなりました。多くの人の教育を考えるきっかけになればと思って出版に踏み切りました。

メモを集めて書き始めたので、重複やメモ的記述が多くあり、初期の原稿は複雑怪奇なものでしたが、佐藤桂子さんが親身になって整理してくださったので、なんとか出版にこぎつけることができました。ありがとうございました。

参考文献

富田和子　一九七四『水と緑と土』中公新書
小島慶三　一九八九『江戸の産業ルネッサンス』中公新書
E・Fシューマッハ　小島慶三・酒井懋訳　一九九一『スモールイズビューティフル』講談社学術文庫
山住正巳一九八九『日本教育小史』岩波新書
海後宗臣一九九〇『日本教育小史』講談社学術文庫
福沢諭吉　一九九二『学問のすすめ』岩波文庫
福沢諭吉　一九九二『福翁自伝』講談社文庫
『新電気』一九九三年一月号『電気なるほどHistory』オーム社
中村紀久二　一九九二『教科書の社会史』岩波新書
広重徹　一九九四『近代科学再考』朝日選書
中村敏雄　一九九五『日本的スポーツ環境批判』大修館書店
竹内洋　一九九六『立身出世と日本人』日本放送出版協会
尾崎ムゲン一九九九『日本の教育改革産業化社会を育てた一三〇年』中公新書
小関智弘　一九九九『ものつくりに生きる』岩波ジュニア新書
中岡哲郎　一九九九『自動車が走った』朝日選書
高島俊男　二〇〇一『漢字と日本人』文春新書
広重徹　二〇〇二『科学の社会史』上下　岩波現代文庫
日本科学者会議公害環境問題研究委員会　二〇〇二『環境展望　Vol.2』実教出版
苅谷剛彦　二〇〇三『なぜ教育論議は不毛なのか』中公新書ラクレ
齋藤学　二〇〇三『学力低下論争』中公新書ラクレ
佐和隆光　二〇〇三『日本の「構造改革」』岩波新書
高橋哲哉　二〇〇四『教育と国家』講談社現代新書
菅野覚明　二〇〇四『武士道の逆襲』講談社現代新書
金子務　二〇〇五『江戸人物科学史』中公新書
柄谷公人　二〇〇六『世界共和国へ』岩波新書
尾藤正英　二〇〇六『江戸時代とは何か』岩波現代文庫
井上勝生　二〇〇六『幕末・維新』岩波新書

牧原憲夫　二〇〇六『民権と憲法』岩波新書

小泉吉永　二〇〇六『江戸の教育に学ぶ』ＮＨＫ知るを楽しむ

今枝由郎　二〇〇八『ブータンに魅せられて』岩波新書

斉藤孝訳　二〇〇九『現代語訳学問のすすめ』ちくま新書

文部省『学制百年史』『学制百年史資料編』『学制百二十年史』『教育改革国民会議議事録』ホームページ

大見興一　一九九二「地球環境破壊停止を力点とした教育改革の構想」日本環境学会第一八回研究発表会予稿集

大見興一　一九九四「環境破壊停止ができる社会と教育および技術教育の展望」日本環境学会第二〇回研究発表会予稿集

大見興一　一九九八「持続可能な社会における教育（技能の教育を重視する）」日本環境学会第二四回研究発表会予稿集

大見興一　二〇〇〇「持続可能な社会における教育の内容についての一考察（初等教育の電気は電力を基本に教えること）」日本環境学会第二六回研究発表会予稿集

大見興一　二〇〇二「持続可能な社会と教育の改革（『産業教育』の反省を通して）」日本環境学会第二八回研究発表会予稿集

大見興一　二〇〇四「持続可能な社会にむけての教育（産業教育からの脱出）」日本科学者会議第一五回総合学術研究発表会予稿集

大見興一　二〇〇六「国連持続可能な開発のための教育の一〇年と日本の教育改革」日本環境学会第三二回研究発表会予稿集

大見興一　一九九四「高等の環境教育の現状」第一回サスティナブルソサエティ全国交流記念集会記念論文集

大見 興一（おおみ こういち）

1938年　奈良市に生まれる
環境ネットワークはびきの代表
元大阪府立藤井寺工業高等学校教諭
共著　『環境展望 vol.2』『環境問題資料集成』

●装幀——仁井谷伴子

持続可能な社会における学校を考えよう

2015年９月３日　第１刷発行

著　者　大見興一
発行者　山崎亮一
発行所　せせらぎ出版
〒530-0043　大阪市北区天満2-1-19 高島ビル２階
TEL. 06-6357-6916　FAX. 06-6357-9279
郵便振替　00950-7-319527

印刷・製本所　株式会社イシダ印刷

 ISBN978-4-88416-242-9

せせらぎ出版ホームページ　http://www.seseragi-s.com
メール　info@seseragi-s.com